オモニたちから寄せられた
環境にやさしい素朴な料理110選

自然がいっぱい 韓国の食卓

緑色連合 編

自然食通信社

はじめに

美しい地球人として生きるため

ご飯の中には、大地と水と大空があります。澄んだ水と爽やかな風と暖かな陽光が、とけこんでいます。自然と生命が宿っているのです。一日三食三度、ご飯やパンやまたは別の食べ物で糧を得ていますが、私たちは食べ物の重要性を、ややもすると忘れがちです。

人は自然の中で生まれ、自然の一部です。コンクリートの建物に囲まれ、木一本、鳥一羽、見るのも大変な都会人たちは、ときどき人間が自然の一部だということを忘れることがあります。

昔から仏門ではパルウコンヤン(鉢盂供養)と言って、食べ物を生命のように大切にしてきました。一粒の米も、一握りのとうがらしも粗末にせず、心をこめて大切に取り扱いました。食べ物に対して欲張らず、軽んじない精神―それが、すなわち生命を愛しみ守る態度です。

初めての行者生活で受け持った寺の食事当番と侍饌任務、後に受け持った院主任務に至るまでの―つまり、ご飯炊きからはじまった白蓮庵での一年間の暮らしのなかで、あんなことこんなこと、実にたくさんのことを経験しました。

その頃は、自分の手でじゃがいもやにんじんを植えたり、山菜採りをしたり、お米をといでご飯を炊いたり、お餅の作り方を習って作ったりもしました。秋に行われるキムチ漬けや一年分のみそとしょうゆの仕込みなど、寺で使う食材を段取りする仕事は自然の道理に順応して生きる過程そのものでした。

自然の一部である人間は、自然の食べ物を食べてこそ体を維持することができます。自然に近い水、自然に近いご飯、自然に近いおかずのなかにこそ、気と生命がとけこんでいて人間に力を与え、心を健全にしてくれます。生命力のある野菜と穀物が人間の気を生かしてくれます。胚があって芽が出る加工されていない穀物と皮

や根がついている果実と野菜が、そのような食べ物です。

自然本来ではありえない色や香りや味、そのうえ保存期間やかたちを整えた食べ物は、すでに自然の食べ物ではありません。自然の食べ物ではない食べ物は、体にも害を及ぼしますが環境にも害を与えます。食べるものから自然に近いものへと変えていくことこそが、自分の体を生かし環境も生かすことの基本です。

愛する人に素朴な食事を一膳用意する心で、この本を作りました。玄米や豆のように加工されていない穀物で生命に力を与える、本来の自然から生まれる色と香りを利用する、食べ物のごみを少なくするなど、食べ物を大切にする方法と暮らしのなかで環境を保護するのに必要な知恵も盛りこみました。穀物と野菜が生産され、流通し、食べ物が作られ、食べ、食後の食器洗いをする過程のなかで、自然を傷つけることなく守る内容についても、述べました。緑色連合が、過去三年間、美しい地球人たちとともに行ってきた事柄です。

環境を守るということは、厳格で徹底した少数の人にだけできるということではありません。日常の食事のなかに自然を見つけ、日常の暮らしのなかで生命を考える平凡な人々が、すなわち美しい地球人です。この本と出会ったお一人お一人が、汚れのない清々しい世界を作っていく美しい地球人として生きていかれますようにと願っています。

2005年初夏

ウォン・テク（緑色連合 共同代表・白蓮庵住職）

推薦のことば

宇宙を体内に抱くこと

私は10年前から生命農法に取り組み、食糧とおかずを自給自足しています。最初は、自給自足の食べ物が口に合いませんでした。それまで食べなれていた味とは異なり、無理やり食べることもありました。それでも私は、食べ物の意味と価値を考えて本物の味探しに努力しました。今ではわが家の食べ物が、この世でいちばん美味しいと思うようになりました。

『自然がいっぱい 韓国の食卓』を推薦できるのは、とても喜ばしいことです。私はこの本を見ながら〝一粒の米のなかに宇宙がある〟というチャン・イルスン先生のことばを思い出しました。そうです、ご飯のなかには、宇宙があるのです。ご飯を食べることは、宇宙を体内にそのまま取りこむ大仕事なのです。この本には、宇宙を体内にそのまま取りこむ方法が詰まっています。

私は最近、にんにくを掘りながら気づいたことがあります。にんにくをはじめ、農作物は太陽と風と空気と水と湿度があって育ちます。それらは、私たちの食卓にあがるために地上のいろいろな要素を地中に引き入れて多くの微生物といっしょに、互いに食べたり食べられたりする幸福で豊かな食卓を、すでに分かちあっています。

私が掘り起こしたにんにくは、土の中のさまざまな生命体といっしょに幸せな食事をすませ、白い根を歯のようにむき出して笑っていました。周りの土は、主人の手に帰って行くにんにくに向かって拍手をしていました。にんにくを育てている間、私がかぶせてやった雑草が腐って微生物の餌になり、撒いてやったおしっことEM（有用微生物群）が微生物の活動をより旺盛にする助けをしました。このように人間は、自然と互いに分かちあいながら生きているのです。

自然の生命体が互いに食べたり食べられたりするなかで、新しい生命が生まれ、広がり、みごとな成長をとげます。老子は、この過程を見てそれらが「徳」を行っていると考えました。そして、自然の生命体は「徳」を行うにとどまらず「道」を目ざしていると言いました。

生命農業に取り組む人たちが、自然の生命体と互いに分かちあいながら「道」を

目ざす「徳」を体験したならば、私たちの食生活は、より深い意味を担うことになるでしょう。私たちが食べたり飲んだりすることが、ただ単に腹を満たすためだけのものではなく、自然の食べ物を通して「徳」を行い「道」を目ざすものであるならば、私たちの精神世界はより豊かなものになるでしょう。

この本に掲載されている料理の数々は、どれも毒性や化学成分を含まない有機農産物で作った料理です。ですから、食べ物でなく補薬（滋養強壮剤）と言うこともできます。環境にやさしい料理公募に応募された1000人を超える主婦の方々の料理の腕はそろって立派でしたが、そのなかからさらに110種類を選んでまとめたということは、この本にこめられた真心を物語っています。

料理に対する説明は、いっぽうで私たちの生をこのうえなく幸せにしてくれます。「総合栄養」「家族愛」「懐かしい故郷」「胸があたたかくなる」「長いつきあいの親友のようなほのかな香り」「自然を抱く」「さわやかに生きたい」「心もおだやかに」…、このような文言には「徳」の高さを感じます。

「徳」は「がん予防」「ダイエット」「生活習慣病」などを治療し、健康で長生きすることを含みます。この本の料理は一流ホテルや高級レストランの料理に比べると、「地味で」「小さくて」「ささやかに」見えるかもしれません。しかし、この本は私たちに自然の「徳」の楽しみ方を教えてくれ、私たちの心身を自然に近づく「道」の境地に導いてくれることでしょう。この本は、一粒の米、お膳にのる一枚の青菜から、私たちの舌先と頭と全身が宇宙を抱いているのだという事実を体得する案内書です。この本を通して、自分自身のなかにかけがえのない宇宙を抱かれますようにと願ってやみません。

2005年6月

ホ・ビョンソㇷ゚（緑色大学総長・牧師）

目次

ひとつ なんといっても、ご飯とスープが最高

ふたつ　食欲をそそるおかずおかずの数々

みっつ　特別なものを

よっつ　愛情と真心で作るおやつ

いつつ　腕のみせどころ、だしとソース

付録

量

1握り2握り、量り方の目安

1カップ　紙コップの大きさ（200ml）。水・しょうゆ・清酒・米などを計るときに使う。

1/2 カップ

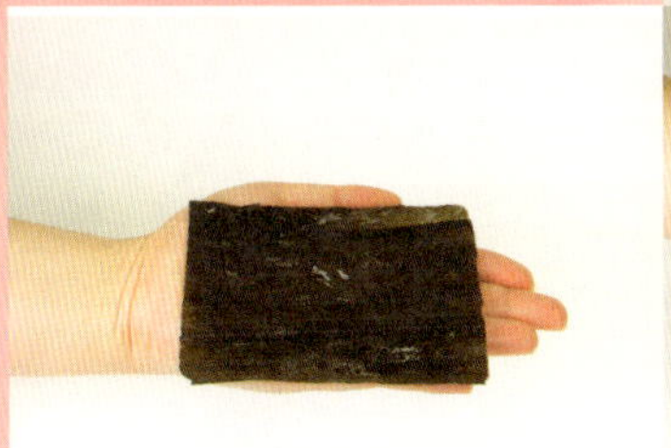

手のひらサイズ
1枚　手のひらをおおうくらいの大きさ

1握り　親指と中指でできる輪に入るくらいの量。豆もやしは手のひらにこんもりするくらいの量。

1/2 握り　親指と中指で少し小さめに作った輪に入るくらいの量。

1本　たまねぎ・大根・きゅうりなどを数えるときに使う。

1/2 本　野菜は洗ってから半分に切る。

1/4 本

大さじ
1　大人用のさじにとってこぼれない量。しょうゆ・水あめ・ごま・酢などの計量単位。

大さじ
0.5

大さじ
0.2

視 この本の見方

料理名

料理内容

材料の力
主材料の栄養分と効能についての説明です。
健康に、どのように役立つのかを熟知して、召し上がれ。

料理のセンス
料理に役立つ一言アドバイス。

♣応用できる料理や調理方法を紹介しました。1つの料理で2〜3種類の味をお楽しみください。

パクパク食べて、栄養満点

ごまおにぎり

昔から、ごまは貴重な穀物ということで巨勝（コスン）と言われてきました。
ごまをぎっしりまぶしてあるおにぎりは、
子どもたちのご馳走にもなるし、
病気見舞いの手土産にすれば大歓迎されますよ。

32 ひとつ なんといっても、ご飯とスープが最高

季節　主材料の旬の時期と料理にもっともよく合う季節です。

時間　料理にかかる時間です。手順よく食卓を準備するのに役立つでしょう。

人数　何人分かがわかります。

親環境指数　調理が簡単か、親環境的か、栄養損失が少なく体内代謝が容易かなどを基準に、栄養士の先生方が評価されました。花びら5枚が満点です。

4　2人分　30分　春夏秋冬

主材料 ● ご飯（茶碗2）

副材料 ● しいたけ（3枚）、にら（1/2握り）、黒ごま（1/2カップ）、白ごま（1/2カップ）、にんじん（1/2本）

ヤンニョム ● 塩（0.2）、ごま油（0.5）、しょうゆ（0.2）、つぶしたにんにく（0.2）、玄米油（3）

1 細かくきざんだしいたけ3枚にしょうゆ0.2、ごま油0.5、つぶしたにんにく0.2をいれて、まぜる。

2 にら1/2握りとにんじん1/2本も細かくきざんでおく。

3 熱したフライパンに玄米油1をぬって、味つけしたしいたけ、にんじん、にらを炒める。

4 3にご飯を入れてまぜあわせ、塩で味をととのえてから、ご飯を丸める。黒ごま1/2カップと白ごま1/2カップを容器に入れ、その中でご飯をくるくるまわしながらごまをまぶす。

＊おにぎりですが、いつものより小さく一口で食べられる大きさにすると食べやすいですよ。

材料の力

黒ごまは骨を丈夫にし五臓の機能を活発にするので回復期の患者さんや成長期の子どもたちに、とてもよい食品です。白ごまは血管をきれいにし、美肌効果もあります。

♣熱したフライパンに黄身と白身をよくまぜた卵を1さじずつ落として、卵が完全に焼きあがる前に小さく丸めたご飯を卵の上でそうっと転がすと、卵おにぎりができます。

ごまおにぎり　33

主材料
料理の中心となる材料です。必ず準備しなければいけない材料です。

副材料
準備するのが難しい場合は、似たような材料で間に合わせることもできます。なくてもよい場合も多々あります。

ヤンニョム
調味料のこと。家にある一般的なヤンニョムです。

作り方
この順序通りに作れば、美味しくて栄養価の高い料理ができます。

＊　作り方の中に入っていないアドバイスです。

写真による作り方説明
調理過程を写真で説明しました。

ひとつ

なんといっても、ご飯とスープが最高

韓国人の主食は、やっぱりご飯でしょ。
〝ご飯の力で生きる〟という言葉さえあるくらいですから。
栄養がぎっしり詰まったご飯とあったか〜いスープさえあれば、
あれこれおかずを作る必要はありません。
今日から、ご飯とスープ作りにもっと心をこめてみましょう。

ダイエットにもよく、がんも予防する

発芽五穀米ご飯

ご飯は食べたいけど、太るのが心配？
そんな時は五穀米ご飯を召し上がれ。
ゆっくり消化するので、おなかがすきにくくダイエット効果も満点！
抗がん効果も抜群です。

4　2人分　1時間　春夏秋冬

主材料● 玄米（2カップ）

副材料● 精白していない大麦と小麦（各2）、黒米（1）、黒豆（1）、もち粟（1）

1 外皮だけを軽く取りのぞいた玄米2カップ、大麦と小麦各2、黒米1、黒豆１をさっと洗い、水に4～5時間つけておく。

2 水につけておいた1の材料ををよくすすぎ、ザルにあけ、ぬれぶきんをかけ、さらに鍋の蓋でおおい、材料が乾かないようにして、10～12時間常温（25℃）に置き発芽させる。

＊芽が出ない場合は、この過程を1～2回くりかえしてみてください。

材料の力

玄米にはビタミンB_1・B_3・Eと食物繊維が多く含まれています。玄米に含まれているアラビノキシランとガンマーオリザノール成分は血中のコレステロール値を下げ、大腸がんの発生を抑制すると言われています。玄米が発芽するとアミラーゼという酵素が生じ、消化を助け抗がん効果も増加します。

♣前日の夜に材料を洗い水につけておき、次の日の朝ザルにあけて発芽させれば、夕方5～6時頃には炊飯できます。

♣発芽していない穀物を圧力釜で炊くときは、6時間以上水につけおき、水加減はいつもより少し多めにします。

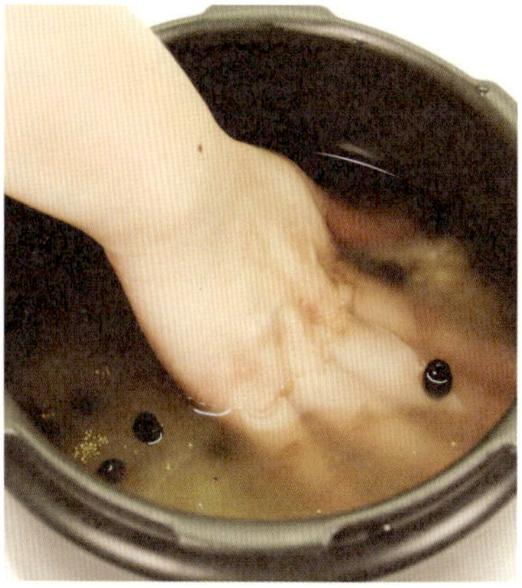

3 発芽した材料を2～3回水ですすぎ圧力釜に入れ、そこに洗ったもち粟1を一緒に入れる。

4 水加減は、お米のご飯を炊くときと同じでよい。

＊火加減は最初強火で、おもりが回りはじめたら中火で5分。さらに弱火で10分程置く。最後にさっと火力を上げてから火を止め、20分くらいそのままにしておく。お米のご飯より、蒸らす時間が少しかかります。

血をさらさらにする

緑茶ご飯

3　2人分　30分　春夏秋冬

主材料 ● 緑茶をいれた後の茶がら (1/2カップ)、米 (2カップ)

自然の味と栄養を、お茶碗一膳に詰めました。
緑茶を飲んだ後の茶がらを再利用して健康にもよい
一石二鳥の料理です。

1

2

1 飲んだ後の緑茶の茶がらを集めておく。

2 米2カップをとぎ水加減をし、集めておいた茶がら1/2カップを入れる。

＊水加減は、お米のご飯を炊くときと同じです。

材料の力

緑茶に含まれているカテキン成分は体によい抗酸化作用があります。動脈硬化と心臓疾患を予防するほか、脂肪の分解を助けるホルモン分泌を促進させダイエットにも効果があります。

5分で健康食

生食粉おにぎり

食事のときに、あれこれ駄々をこねる子に
トンナムㇽキㇺチやかぼちゃの葉と
えごま粉のスープもいっしょに出せば大喜び間違いなし。
大人の朝食またはお弁当としてもチョーおすすめ！

4　2人分　30分　春夏秋冬

主材料 ● ご飯（茶碗1）、生食粉（3）

ヤンニョㇺ ● 塩（0.2）、ごま塩（0.2）、玄米酢（0.2）

1 ご飯茶碗1、塩0.2、ごま塩0.2、玄米酢0.2をいっしょにまぜる。

2 生食粉3を器に入れ、1を丸めて生食粉をまぶすように転がす。
生食粉のかわりに麦こがしを使ってもよい。

＊生食粉は、玄米・昆布・にんじん・よもぎなど種類が多いので、お好みに合わせて選んでください。

3 細長く切った海苔を真ん中に巻いて器に盛る。

2

3

海からの贈り物・総合栄養食

野菜入り牡蠣ご飯

〝船に乗る漁夫の娘は色黒で、牡蠣を獲る漁夫の娘は色白〟だ。
牡蠣には肌を美しくする成分が含まれています。
海の栄養いっぱいの牡蠣を入れて炊いたご飯。
思っただけでも、のどがごくり。

3　2人分　1時間　冬

主材料 ● 米（2カップ）、牡蠣（1握り）

副材料 ● 干ししいたけ（2枚）、にんじん（1/3本）、えんどう豆（1/3カップ）

ヤンニョム ● ごま油（3）、しょうゆ（2）、塩（0.2）

1 米2カップは洗って20分以上水につけておく。牡蠣1握りは、ふり洗いをしてザルに上げておく。

2 干ししいたけ2枚は水でもどした後、石づきを取り千切りにする。にんじん1/3は薄切りにし、えんどう豆1/3カップは洗っておく。

3 釜の内側にごま油3をまんべんなくぬり、牡蠣、しいたけ、にんじん、えんどう豆を入れ炒める。

4 米を入れて炒めながらしょうゆ2を入れ色がついたら、塩で味をととのえ、水を入れ炊飯する。

＊ふいてきたら弱火にして、10分程度むらしてください。
＊水加減は、お米のご飯を炊くときと同じです。

材料の力

ビタミン・カルシウム・たんぱく質などが豊富な牡蠣は貧血に効果があり、女性によい食べ物です。コレステロール値を下げるタウリンと男性ホルモンの活性を助ける亜鉛も多く含まれており、男性にもよい食べ物です。

それればかりかビタミンA・B_1・B_2・Cと各種必須アミノ酸が含まれており、成人病を予防してくれます。また牡蠣のグリコーゲンは膵臓に負担をかけることなく体内で働くので糖尿病患者も安心して食べられます。

便秘の心配は、もうご無用

さつまいもご飯

4　2人分　30分　秋

主材料●米（2カップ）、さつまいも（1本）

さつまいもが旬の秋にぴったりの食べ物です。お好みに合わせて、栗、なつめ、じゃがいもを加えるとより栄養価の高いおいしいご飯になります。

2

3

1 米2カップを洗い、20分以上水につけておく。

2 さつまいも1本は、適当な大きさの角切りにする。

3 釜に米とさつまいもを入れる。水加減はお米のご飯を炊くときと同じ。

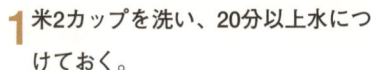

気楽に食べて気楽に暮らそう

豆もやしビビンパッ

食欲がなく、体がだるいのですか？
だったら、作るのもかんたんで食べやすい
豆もやしビビンパッは、いかがでしょうか？
味も最高、栄養もバツグンですよ。

4　2人分　30分　春夏秋冬

主材料 ● 豆もやし（1握り）、雑穀入り玄米（2カップ）

副材料 ● にら（1握り）

ヤンニョム ● にんにくのみじん切り（0.2）、粉とうがらし(0.2)、しょうゆ(1)、ごま油(1)、チョンヤン（青陽）とうがらし（辛味の強い青とうがらし・1本）、ごま（0.2）

1 豆もやし1握りと水につけておいた雑穀入り玄米を釜に入れ、水加減をして炊飯する。

＊豆もやしから水分が出るので、いつもより水を少なめにしてください。

2 にんにくのみじん切り0.2、粉とうがらし0.2、しょうゆ1、ごま油1、チョンヤン(青陽)とうがらし1本、ごま0.2でヤンニョムジャンを作る。

3 豆もやしご飯が炊きあがったらにら1握りを切って入れ、ヤンニョムジャンといっしょに出す。

①

②

これ以上の栄養食はない！

しいたけどんぶり

古代西洋ではきのこを〝神の食べ物〟と言いました。
それくらい栄養価に富んでいるということです。
魚や肉類のどんぶりものよりしいたけどんぶりは、
栄養満点で体にもやさしい優れものです。

4 2人分 30分 春夏秋冬

主材料 ● ご飯（茶碗2）、しいたけ（4枚）

副材料 ● えのき（1握り）、にんじん（1/2本）、たまねぎ（1/4個）、長ねぎ（1本）、塩（0.2）、しょうゆ（1）、水（1カップ）、片栗粉（1）

ヤンニョム ● しょうゆ（1）、にんにく（0.2）、細ねぎ（1本）、ごま塩（1）、ごま油（0.2）、こしょう

1 しいたけ4枚とえのき1握りを流水で洗い、しいたけは薄切りに、えのきはばらしておく。にんじん1/2本、たまねぎ1/4個、長ねぎ1本は適当な大きさに切っておく。

2 たまねぎが透きとおるまで炒め、にんじん、長ねぎ、きのこを入れ、塩で味をととのえる。

＊にんじんは、さくさく感を味わいたいなら後から入れ、やわらかいのが好みなら初めから入れるといいですよ。

3 2に水1カップを入れさらに炒める。よく炒めてから水1カップに片栗粉1をまぜて作った水とき片栗粉を入れる。とろみがついたらしょうゆ1で味をととのえ、あたたかいご飯にかける。

4 しょうゆ1、にんにく0.2、細ねぎ1本、ごま塩1をまぜて作ったヤンニョムジャンといっしょに出す。

＊お好みで、ごま油やこしょうを入れるのもいいでしょう。

材料の力

しいたけは体を元気にしてくれたり、血をきれいにしてくれます。血のめぐりをよくする効能があります。しいたけに含まれるビタミンDは、骨粗しょう症を予防します。

えっ、豆みそが魔法を使ったの？

豆みそジャージャーご飯

豆みそが体によいことは知っていても、あのにおいに閉口しているのでは？
特に子どもたちに食べさせたいのに、なかなかうまくいかないのでは？
そんな悩みは、もう、これっきり！
子どもたちが喜ぶジャージャーソースのおかげで、
豆みそのにおいが、うそのように消えてなくなりました。

5　2人分　30分　春夏秋冬

主材料 ● ご飯（茶碗2）、エホバッ（韓国かぼちゃ。ズッキーニで代用できる。1/2個）、じゃがいも（1個）、たまねぎ（1個）

副材料 ● にんじん（1/2本）、えんどう豆（2）

ヤンニョム ● 豆みそ（2）、テンメンジャン（2）、片栗粉（2）

1 エホバッ1/2個、じゃがいも1個、たまねぎ1個、にんじん1/2本をさいのめに切る。

2 1を鍋に入れる。材料がひたひたになるくらいの水を入れ、強火で10分ほど煮る。

3 2にテンメンジャン2と豆みそ2を入れてかきまぜる。

4 水1カップに片栗粉2をまぜた水とき片栗粉を3に少しずつ入れながらまぜる。

5 ご飯に4をかけ、ゆでたえんどう豆をちらす。

材料の力

豆みその納豆菌には抗がん作用があります。またナットキナーゼは血栓をとかし、高血圧・動脈硬化・心臓病など、種々の生活習慣病を予防すると言われています。それればかりか豆みそに含まれているペプチドは血圧が上がるのを防ぎ、不飽和脂肪酸であるリノール酸はコレステロールが血管に入り込むのを防ぎます。

生活習慣病を防ぐ滋養食

れんこんご飯

れんこんは植物性繊維が多く、豆はたんぱく質の宝庫です。
れんこんと豆を主材料にして作ったれんこんご飯は、滋養食として最適の組み合わせ。

主材料 ● れんこん（1本）、もち米（1カップ）、黒米（1）

副材料 ● 豆（1握り）、栗（3粒）、なつめ（4粒）、銀杏（10粒）、ビート（1本）

ヤンニョム ● 塩（0.2）

1 たわしでれんこん1本を洗って皮をむいた後、輪切りにして軽くゆがく。もち米1カップ、黒米1、豆1握りはきれいに洗って水につけておく。栗3粒は、それぞれ2〜4個の大きさに割っておく。銀杏10粒は煎って皮をむく。なつめ4粒は種を取り除き千切りにする。

2 皮をむきミキサーにかけたビート1本を水に入れ煮立たせる。沸騰したら軽くゆがいておいたれんこんを入れ、色をつける。

3 水につけておいたもち米、黒米、豆、栗、なつめ、銀杏をいっしょに入れご飯を炊く。炊き上がったご飯を容器に取り、塩0.2で軽く味をととのえる。

4 中をくりぬいたれんこんに、ご飯を詰めて出来上がり。

材料の力

れんこんは糖尿病・中風・心臓病などを予防する働きがあると言われています。れんこんの鉄分とタンニンは胃潰瘍の治療に効果があり、鼻血がよく出る人にも効果があります。

豆もやしのやさしい誘惑

豆もやしと油揚げのどんぶり

庶民的な食品の豆もやしが、特別な料理に生まれ変わりました。
胃への負担もなく、ほかに、これといったおかずがなくても手軽に楽しめますよ。
お隣さんをお招きしてのご馳走にも。

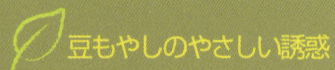

5　1人分　30分　春夏秋冬

主材料 ● 玄米雑穀ご飯（茶碗1）、豆もやし（1握り）

副材料 ● たまねぎ（1/4個）、しいたけ（5枚）、油揚げ（2枚）、昆布の水だし（1カップ）、細ねぎ（2本）、片栗粉（2）

ヤンニョム ● 塩（0.2）、しょうゆ（1）、こしょう

1 豆もやし1握りに塩0.2を入れて、さっとゆがく。豆もやしをゆがくとき、鍋にふたをしておくと、生臭いにおいがしない。ゆで汁はとっておく。

2 たまねぎ1/4個、油揚げ2枚、細ねぎ2本、しいたけ5枚を、適当な大きさに切っておく。

3 豆もやしのゆで汁1カップと昆布の水だし1カップを鍋に入れ沸騰したらしいたけ、たまねぎ、油揚げを入れて、しょうゆ1で色をつける。最後に豆もやしと細ねぎを入れ、塩で味をととのえる。

4 水1カップに片栗粉2を溶かして作った水溶き片栗粉を3に少しずつ入れてとろみをつける。出来上がったら玄米雑穀ご飯の上にのせる。

パクパク食べて、栄養満点

ごまおにぎり

昔から、ごまは貴重な穀物ということで巨勝《コスン》と言われてきました。
ごまをぎっしりまぶしてあるおにぎりは、
子どもたちのご馳走にもなるし、
病気見舞いの手土産にすれば大歓迎されますよ。

4　2人分　30分　春夏秋冬

主材料 ● ご飯（茶碗2）

副材料 ● しいたけ（3枚）、にら（1/2握り）、黒ごま（1/2カップ）、白ごま（1/2カップ）、にんじん（1/2本）

ヤンニョム ● 塩（0.2）、ごま油（0.5）、しょうゆ（0.2）、つぶしたにんにく（0.2）、玄米油（3）

1 細かくきざんだしいたけ3枚にしょうゆ0.2、ごま油0.5、つぶしたにんにく0.2を入れて、まぜる。

2 にら1/2握りとにんじん1/2本も細かくきざんでおく。

3 熱したフライパンに玄米油1をぬって、味つけしたしいたけ、にんじん、にらを炒める。

4 3にご飯を入れてまぜあわせ、塩で味をととのえてから、ご飯を丸める。黒ごま1/2カップと白ごま1/2カップを容器に入れ、その中でご飯をくるくるまわしながらごまをまぶす。

＊おにぎりですが、いつものより小さく一口で食べられる大きさにすると食べやすいですよ。

材料の力

黒ごまは骨を丈夫にし五臓の機能を活発にするので回復期の患者さんや成長期の子どもたちに、とてもよい食品です。白ごまは血管をきれいにし、美肌効果もあります。

♣熱したフライパンに黄身と白身をよくまぜた卵を１さじずつ落として、卵が完全に焼きあがる前に小さく丸めたご飯を卵の上でそうっと転がすと、卵おにぎりができます。

家族への愛情がつまった母の味

えごまの葉入り巻き寿司

お母さんの愛情と真心がつまった特別な巻き寿司を作ってみましょう。
香ばしいえごまの葉と口あたりのよい海苔の幻想的な出会い。
家族みんなで車座になって、巻き寿司作り大会を開きましょうか？

4　2人分　30分　夏

主材料 ● えごまの葉（16枚）、海苔（4枚）、もめん豆腐（1/2丁）、えのき（1握り）、雑穀ご飯（茶碗2）、玄米油（1）

副材料 ● きゅうり（1本）

ヤンニョム ●〈ヤンニョムしょうゆ〉
しょうゆ(3)、ごま塩(0.2)、ごま油（0.2）、酢（0.2）
〈からしじょうゆ〉
しょうゆ(2)、からし(0.2)、酢（0.2）

1 豆、玄米、麦、もち米などで炊いた雑穀ご飯を用意する。雑穀ご飯がないときは、普通のご飯でもよい。

2 えごまの葉16枚は洗って水気を切っておく。海苔4枚はえごまの葉と大きさと枚数がそろうように4等分する。

3 きゅうり1本は細切りにし、豆腐1/2丁は玄米油で焼いて細長く切る。えのき1握りは、フライパンでほんの30秒間くらい、さっと炒める。

4 海苔とえごまの葉を広げてご飯をのせる。その上に、きのこ、きゅうり、焼き豆腐を少しずつのせ、好みのヤンニョムで味つけをして、くるくる巻く。

＊子どもにはヤンニョムしょうゆを、大人にはからしじょうゆを添えて出すといいですよ。

がんと生活習慣病から守ってくれる天使

豆みそビビンパッ

5　2人分　30分　春夏秋冬

主材料 ● ご飯（茶碗2）

副材料 ● 乾燥チィナムル（韓国の山菜・1/2握り）、乾燥わらび（1/2握り）、キャベツ（1枚）、サンチュ（3枚）、エホバッ（韓国かぼちゃ。ズッキーニで代用できる。1/4個）

ヤンニョム ● 豆みそ（2）、みそ（0.2）、コチュジャン（0.2）、米の水あめ（0.2）、ごま油（0.2）

豆みそと新鮮な野菜をいっしょに食べれば、まさに〝味よし、健康によし〟です。〝雉を食べたら卵まで入っていた〟〝溝掃除をしたらザリガニが出てきた〟のように、一石二鳥です。

①

③

1 豆みそ2、みそ0.2、コチュジャン0.2、米の水あめ0.2、ごま油0.2をよくまぜて、ヤンニョムジャンを作る。

2 乾燥チィナムルと乾燥わらびは一晩水にひたしておいたものを炒め、エホバッは千切りにしてすぐ炒める。

3 キャベツは千切り、サンチュは食べやすい大きさにちぎっておく。

＊ご飯の上に用意した具を見ばえよく盛りつけ、ヤンニョムジャンを添えたら出来上がり！

自然を詰め合わせた一碗

生野菜ビビンパッ

新鮮な野菜とほかほかご飯のデート。
ビタミンCと抗酸化成分をいっしょに摂ることができ、
身も心もとても若返ります。

5　1人分　30分　夏

主材料 ● ご飯(茶碗1)、サンチュ(3枚)、えごまの葉(2枚)

副材料 ● チコリ(3枚)、チンゲン菜(2枚)、きゅうり(1/4本)、にら(1/2握り)、キャベツ(1枚)

ヤンニョム ● たまねぎのみじん切り(1/2個)、しょうゆ(4)、酢(2)、米の水あめ(1)、にんにくのみじん切り(1)、粉とうがらし(2)、ごま塩(2)

1 みじん切りにしたたまねぎ1/2個、しょうゆ4、酢2、米の水あめ1、にんにくのみじん切り1、粉とうがらし2、ごま塩2をまぜ合わせてヤンニョムジャンを作る。酢と水あめの量は、好みに合わせて加減する。

＊このヤンニョムジャンは、ビビムクッスにも利用できる。

2 サンチュ3枚、えごまの葉2枚、チコリ3枚、チンゲン菜2枚、きゅうり1/4本、にら1/2握り、キャベツ1枚の中から、家にあるものまたは手に入りやすい野菜を用意する。

3 ご飯の上に手でちぎった野菜をのせて、ヤンニョムジャンとまぜれば出来上がり。りんごか梨があれば、1/4切れくらいを細切りまたはすりおろして入れるとさわやかな味になる。

①

②

やわらかな最初の一口、さっぱりした食後感

豆腐カムジャタン

豚骨のかわりに豆腐で作るおつな味のカムジャタン。
通常のカムジャタンのように脂っこくなく、とてもやわらかで淡白な味わいです。
ピリ辛味なのにさっぱりした後味も最高です。

5　2人分　30分　春夏秋冬

主材料 ● じゃがいも（2個）、しいたけ（4枚）、豆腐（1/4丁）、えごまのしぼり汁（えごま1）

副材料 ● 春菊（3本）、赤とうがらし（1本）

ヤンニョム ● えごま油（1）、塩

♣えごまのしぼり汁＝えごまの香ばしさで、食材のえぐみやにおいを抑えることができ、味に深みも出る。えごま大さじ4と水1カップをミキサーにかけてこしたものを適量に分けて冷凍しておくと便利。または、すったえごまに水を足し、茶こしなどで汁を取る方法もある。

材料の力

豆は良質のたんぱく質と脂肪の主供給源です。ところが豆には、消化率を低下させ吸収を阻害する酵素が含まれています。この酵素の働きをおさえながら豆の栄養を余すところなくたくわえているのが豆腐です。

1 じゃがいも2個は皮をむいて、2cm大の角切りにする。しいたけ4枚と豆腐1/4丁はじゃがいもと同じ大きさに切る。

2 赤とうがらし1本は薄切りにし、春菊3本はきれいに洗いザルにあげて水気を切る。

3 鍋にえごま油をひき、じゃがいもが黄色くなるまで弱火で炒め、水4カップを入れ、えごまのしぼり汁1、しいたけ、豆腐を入れて煮る。

＊沸騰したら塩で味をととのえ、薄切りにした赤とうがらしと春菊を見ばえよくあしらう。

おもてなしにぴったりの淡白な味

野菜のユッケジャン

野菜のユッケジャンは、肉を入れないので淡白で体への負担が少ないですよ。
新築祝いや誕生日会、お客さまのおもてなしにもぴったりです。

5　2人分　1時間　冬

主材料 ● わらび（1握り）、しめじ（3握り）、大根（1/4本）

副材料 ● エリンギ（3本）、もやし（1握り）

ヤンニョム ● 粉とうがらし（1）、コチュジャン（1）、濃い口じょうゆ（1）、ごま油（0.2）、塩（0.5）

だし ● 大根（1/3本）、干ししいたけ（4枚）、昆布（手のひらサイズ4枚）

1 大根1/3本、昆布手のひらサイズ4枚、干ししいたけ4枚と水6カップを鍋に入れ煮出して、だしをとる。

＊菜食エキス（野菜だし）を使ってもかまいません。

2 沸騰した水に塩0.5を入れ、わらび1握りともやし1握りをさっとゆでる。
わらび1握りは適当な大きさに切る。しめじとエリンギは食べやすい大きさに軸にそって割いておく。

＊わらびは大部分が輸入品のため添加物使用の物が多いので、よく洗い、一度ゆでて使うのが安全です。

3 粉とうがらし1、コチュジャン1、濃い口じょうゆ1、ごま油0.2、塩0.5を混ぜ合わせて作ったヤンニョムジャンにわらび、もやし、しめじ、エリンギを入れ、手でよく和えて味をなじませる。

＊先にヤンニョムジャンと和えてから煮ると味もよくなり、粉とうがらしもよくなじみます。

4 1のだし汁に3を入れて煮る。塩または薄口じょうゆで味をととのえる。お好みで粉とうがらし、こしょうなどを入れる。

なんとなく田舎を思い出す

おからチゲ

4　2人分　30分　春夏秋冬

おからは豆の成分をそっくり摂取することができるうえに、体内吸収も早く、豆で作った食べ物の中でも最高品です。

主材料 ● おから（2カップ）、酸っぱくなったキムチ（1握り）、豆ハム（大豆から作った植物性のハム・1/2握り）

ヤンニョム ● ねぎのみじん切り（1）、にんにくのみじん切り（0.2）、塩（0.5）、玄米油（1）

1 よく漬かったキムチ1握りと豆ハム1/2握りを、食べやすい大きさに切る。

2 鍋に玄米油1をひいて、キムチと豆ハムを炒める。

3 おから2カップを入れ火を通し、ねぎのみじん切り1とにんにくのみじん切り0.2を入れ塩で味をととのえる。

＊豆を直接挽いておからを作れば、よりおいしくなります。生の豆を挽いて作ったものと蒸かした豆を挽いて作ったものとでは、味がちがいます。蒸かした豆を挽いて作ったもののほうが、より香ばしくなります。

材料の力

おからは血圧を下げ、コレステロール値も下げてくれます。シミ・白髪・糖尿病・高血圧・肝臓疾患・更年期障害・便秘・骨粗しょう症などにも効果があります。おからの材料の豆には、良質のたんぱく質をはじめビタミンB_1・B_2・E・必須脂肪酸・カルシウム・鉄などが多く含まれています。たんぱく質は肝臓機能を強くし、ビタミンEと必須脂肪酸は抗酸化作用があります。

お腹の芯まで心地よく力が湧いてくる

白菜スープ

出勤する夫と学校に行く子どもの朝食のテーブルに、
用意された白菜スープ。
風味ゆたかな白菜スープと一杯の玄米ご飯で、
元気な一日がはじまります。

3　2人分　30分　冬

主材料 ● 白菜（5枚）、みそ（2）、米のとぎ汁（6カップ）

ヤンニョム ● ねぎ（1本）、にんにくのみじん切り（0.2）

2

3

1 米のとぎ汁6カップにみそ2をまぜて沸かす。

＊米のとぎ汁がなければ、少量の小麦粉を水でといて使ってもいいです。

2 白菜5枚を食べやすい大きさにちぎっておく。

3 みそを入れた米のとぎ汁が沸いてきたら白菜と斜め切りにしたねぎ1本分とにんにくのみじん切り0.2を入れて、もう一煮立ちさせる。

材料の力

白菜にはビタミンCが多く含まれており、風邪を予防してくれます。腸をきれいにする乳酸菌も豊富です。

真夏のスペシャル健康食

黒豆とじゃがいもの冷製スープ

中国の古い医学書には、〝黒豆は腎臓を保護し、
血液の循環を活発にし、解毒作用がある〟と書かれています。
豆を穀類・いも類といっしょに食べると
相互補完作用で、栄養価がさらに高まります。

4　2人分　1時間　夏

主材料 ● 黒豆（1カップ）、じゃがいも（1/2個）

副材料 ● 黒ごま（2）、きゅうり（1/4本）、ミニトマト（2個）、水（2カップ）

ヤンニョム ● 塩（0.5）

1 黒豆1カップは、前日から約10時間くらい水につけておく。

＊豆を水につけてさえおけば、あとは簡単ですよ。

2 鍋に豆がひたひたになるくらい水を入れ、沸かす。泡が出始めたら火を止めて、豆を冷水できれいにすすぎながら皮をむく。

3 ミキサーに水2カップとゆがいた豆と黒ごま2を入れてつぶす。これを、こして、豆汁と豆粕にわける。

4 きゅうり1/4本とじゃがいも1/2個を千切りにする。じゃがいもは沸騰した湯でさっとゆがく。じゃがいもときゅうりを氷水に5分ほどさらして引き上げる。

＊器にじゃがいもを盛りつけ、その上から豆汁をかけ、半分に切ったミニトマトときゅうりをのせ、塩を添えて、お出しください。冷たくして召し上がりたい時は、氷を浮かべてください。

材料の力

黒豆は、糖尿病の患者さんにとてもよい食べ物です。傷ついた細胞の回復を、早くしてくれます。黒豆に含まれているジェンスティンという物質は、骨粗しょう症・乳がん・前立腺がんを予防します。

カルシウムとビタミンの女王

朝鮮ふゆあおいとえごまのスープ

4　2人分　30分　夏

主材料 ● 朝鮮ふゆあおい（1握り）、えごまの粉（2）、米のとぎ汁（6カップ）

ヤンニョム ● みそ（1）、にんにくのみじん切り（0.2）、天然調味料（1）

朝鮮ふゆあおいはホウレンソウよりカルシウムが2倍も多く含まれています。スープにえごまの粉を入れると風味豊かになるばかりか、ビタミンとミネラルが増えます。

2

3

1 朝鮮ふゆあおい1握りは、茎の先を切り取りきれいにする。

2 米のとぎ汁6カップに、みそ1を入れよくとく。そこに朝鮮ふゆあおいを入れて煮る。

3 えごまの粉を入れて、よくかきまぜる。沸騰してきたら、にんにくのみじん切り0.2、きのこの粉末とえびの粉末で作った天然調味料1で味をととのえる。

故郷が恋しい人、集まれ〜

かぼちゃの葉とえごまの粉入りスープ

大きなかぼちゃの葉でスープを一鍋作れば、
愛情深い故郷の人の心にふれた時のように
心がほのぼのとしてきます。

4　2人分　30分　夏

主材料● かぼちゃの葉（5枚）、えごまの粉（2）、米のとぎ汁（6カップ）

ヤンニョム● 薄口じょうゆ（0.5）、みそ（1）、コチュジャン（0.2）、粉とうがらし（0.2）

♣かぼちゃの葉のかわりにえごまの葉を使うと、えごまの葉のえごまの粉入りスープになる。

②

③

1 かぼちゃの葉5枚は洗濯するようにごしごし洗い、軽くしぼって水気をとる。

2 かぼちゃの葉を鍋に入れ、薄口じょうゆ0.5、みそ1、コチュジャン0.2、粉とうがらし0.2で作ったヤンニョムジャンとよくまぜる。

3 米のとぎ汁6カップを入れ、かぼちゃの葉が少し柔らかくなるくらいまで煮こんでから、えごまの粉2を入れ仕上げる。好みに合わせて、みその量を加減する。

親 環境と仲良くするための手引き…

環境にやさしい料理を取り入れた季節の献立

この季節の献立は、本書で紹介されている料理を取り入れ、菜食を中心に構成したものです。たんぱく質の供給には主に豆を利用しました。最近、旬の食材の意味がだんだん消えていっているのは残念です。

旬のものでない野菜やくだものは、味もうすく、栄養素含有量も少ないです。

栄養のバランス（栄養素摂取および体内の吸収作用）も充分に考慮して作りました。

— 構成：栄養士　チョン・ミョンオㇰ

月	朝	昼	夜	アドバイス
1	トックッ 海藻の三種和え 魚のヂョン ポギキㇺチ	雑穀ご飯 おからのチゲ 乾燥どんぐりのムッチ ャップチェ たまねぎ焼き エリンギ包み チョンガッキㇺチ	チョングッチャンのジャージャーご飯 トンチミ 干し山菜の炒めもの シッケ	トックッは清らかさを象徴する料理として1月のお膳によくあがります。チョングッチャンのジャージャーご飯は新しい料理で、チョングッチャンとジャージャーの比率を調節しながら好みにあわせて使いましょう。
2	全粒小麦粉りんごパン ポテトサラダ 豆乳	栄養ご飯／ひめにらのヤンニョㇺジャン 緑豆ムッのスープ 野菜とチーズのナムㇽ ポムドン白菜（越冬した露地もの白菜）の浅漬け	玄米ご飯 テンジャンチゲ きのこの寄せ炒め 白菜キㇺチ さつまいもパス	2月は冬のあいだに不足したビタミン、ミネラルなどを充分に摂取することができるように献立を考えるのが望ましいです。
3	そば粉と野菜のチヂミ 有精卵の煮つけ プレーンヨーグルト	豆ご飯 野菜入りユッケジャン ソッパッチ（大根と白菜のキㇺチ） なずなのみそ和え	新発芽五穀ご飯 牛肉と大根のスープ うどのなます パプリカのソテー ポムドン白菜（越冬した露地もの白菜）の浅漬け	春困症の症状が出たり、花冷えにより健康の維持が難しい時期なので、暴食は絶対に避け、新鮮な食品を中心に摂取しましょう。
4	生食粉のおにぎり わかめスープ つるにんじん焼き ミニ白菜のキㇺチ	豆スープのおもちとすいとん（スジェビ） にらのおやき ミニ白菜のキㇺチ シッケ	豆もやしと油揚げのどんぶり ツルマンネングサのキㇺチ ごぼうの和えもの キャベツ＆ベジタブルマヨネーズ	季節の変わりめで、体温維持のためカロリーをたくさん消耗します。充分なカロリーをとり、1日の気温較差による風邪予防のため、ビタミンの摂取に努めましょう。

月	朝	昼	夜	アドバイス
5	もち粟ご飯 干し明太と豆もやしのスープ ひらたけのお焼き ほうれん草の和えもの ミニ白菜のキムチ	トマトスパゲッティ 黒豆とたまねぎのスープ せりのお焼き レタスのしょうゆサラダ	生野菜のピビムパッ じゃがいもとわかめのスープ いいだこの刺身＆ヤンニョムコチュジャン ミニ白菜のキムチ	家庭の月・5月には、子どもたちに新鮮なトマトを使ったスパゲッティをごちそうとして作ってあげるとよいでしょう。家族の記念日にも新鮮な野菜を使った料理を作ってみましょう。
6	国産小麦のモーニングパン＆いちごジャム じゃがいもと野菜のスープ 山羊乳	豆もやしのピビムパッ 大根の若菜の水キムチ エホバッの炒めもの きゅうり＆栄養サムジャン	グリンピースご飯 かぼちゃの葉とえごまの粉入りスープ 生野菜のライスペーパー包み じゃがいもの煮もの 大根の若菜の水キムチ	朝が早く明ける夏は、食べ物が豊富です。若い大根もキムチにして食べ、エホバッも炒めものにしたり、簡単な料理法で栄養の損失を減らしましょう。
7	さつまいもご飯 ふだんそうのスープ なすの煮もの 豆腐の冷菜 大根の若菜の水キムチ	冷やし豆うどん 大根の若菜の水キムチ エホバッのお焼き えごまの葉とどんぐりのムッの和えもの	チョングッチャンとビビムパッ 干し明太と豆腐のスープ オイキムチ ポテトサラダ	以前は救荒作物だったじゃがいもやさつまいもを、今ではごちそうとして食べています。おやつとして、おかずとして、思いっきり利用してみましょう。
8	冬干しすけとうだら(黄太)と豆もやしのスープ 大根の若菜の水キムチ さつまいもの蒸しパン 五味子茶	麦飯とダイコンの若菜キムチのピビムパッ 黒豆とじゃがいものナムルの冷製スープ いろいろ巻き＆栄養サムジャン きゅうりの塩漬け	雑穀ご飯 豆腐とじゃがいものスープ 長いものごまみそ和え エリンギのお焼き カットゥギ	麦ご飯や冷製スープなど、さっぱりした料理が恋しい季節です。ややもすると冷やしがちな体を、冷やし過ぎないように注意しましょう。
9	焼きおにぎり 有精卵とわけぎのスープ ふきの炒めもの 大根の若菜のキムチ	野菜ジャージャー麺 生野菜のチャップチェ たまねぎの酢漬け トッポッキ	えごまの葉ののり巻き 白菜スープ カットゥギ 冷やご飯の変身餃子	朝晩、涼しい風を感じる季節です。季節の変わりめの健康を守る秘訣は、バランスのとれた栄養の摂取と適当な運動で、免疫力を増強させることです。
10	朝鮮ふゆあおいのお粥 カットゥギ 栗かぼちゃのケーキ 山羊乳	しいたけ丼 豆腐のすまし汁 切れ端野菜の肉巻き 白菜の浅漬け	ごまのぷちぷちおにぎり 大根のすまし汁 豆もやしのわかめ巻き 白菜のキムチ 豆のお焼き	秋には収穫の喜びが待っています。大根、白菜など野菜の味が甘みを増すので料理に利用しましょう。
11	きびご飯 白菜とえごまのスープ 豆腐の煮つけ 焼き魚 チャンアチ寄せ	牡蠣野菜ご飯 豆もやしのすまし汁 炒りおぼろ豆腐 チョンガッキムチ	麦ご飯 朝鮮ふゆあおいのスープ ウゴジ（白菜などの外葉や下葉）のみそ煮 とうがらしとえごまの葉の塩漬け 灰貝のプルコギ	牡蠣、灰貝など海産物がおいしくなる季節です。海産物だけでシンプルに、またはいろいろな野菜と合うおいしい料理を作って子どもたちの偏食習慣を直してみましょう。
12	キムチ粥 雑穀食パン＆ピーナッツバター 栗かぼちゃと牛乳のジュース	あずきうどん 大根のチャンアチ 野菜とおこげのスープ ポギキムチ	新ポギキムチのご飯包み 味噌汁 れんこんのお焼き またはかぼちゃときのこのスープ チョンガッキムチ	韓国のキムチは、いまや世界的に知られている発酵食品です。食べ頃になったキムチによく合う一品を作ってみましょう。

器 よい器、わるい器

器は内容物と反応して構成成分が体内に吸収されるため、食べ物の味と健康に直接影響を及ぼします。

陶器の器は焼成時に細かい空気孔ができるので、水は漏らさず空気は通します。ゴアテックスと同じ原理です。それで、陶器の甕にしょうゆやみその類を入れておくと細かい孔から空気が出たり入ったりして、発酵を助けてくれます。

いっぽう、石油から抽出した成分で作られたプラスチック容器は熱と塩分に弱いのでしょうゆやみその類を入れておくと、それらを通して環境ホルモンが腸に入り込みます。

今日まで人間が人工的に作り出した数多くの化学物質中、人体によい影響を与える物質は１０％にも満ちません。

安全な器は食べ物を入れた時、人体に悪影響を及ぼす化学反応を起こさない材質でなくてはいけません。アルミニウム、プラスチック、コーティング剤が剥げる鍋のように、熱に弱かったり表面が剥げるものはよくありません。ガラス、ステンレス、磁器、陶器、コーティングしていない木のように、長く使っても色が変わらないものが安全です。磁器やガラスも、派手に彩色されているものや色が剥げるものはよくありません。器の色付けに使う材料は、主に石油化学成分を用いているからです。

器を廃棄する時の環境負荷も考慮しなければいけません。陶器は土に還りますが、磁器はそうはいきません。木は自然に戻り、純ガラスは他の材料と混ぜてガラスに再生産されます。

プラスチック容器の安全の如何は、熱に対する強度で知ることができます。変色するプラスチックは材質が変化しやすいことを意味し、それは食べ物とも反応しやすいということなので使わないほうが賢明です。特に、ガラスのように見えるプラスチック容器もプラスチックに変わりないことを、しっかり知っておく必要があります。

陶器

環境性

安全性

寿命が長く、食品の味をひきたてます。呼吸する孔があるので、しょうゆやみその類を保存するのに適しています。

ステンレス

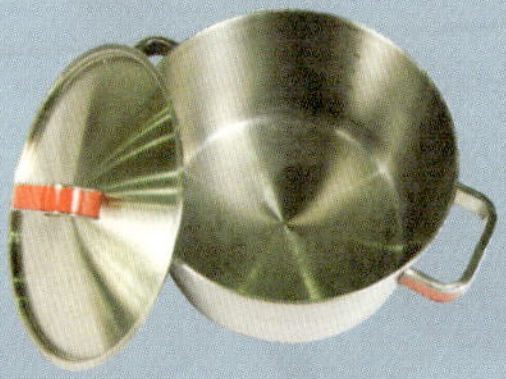

環境性

安全性

寿命が長く食品に反応しないので安全ですが、合金のためリサイクルが困難です。製作時に、大量のエネルギーを使います。

銑鉄

環境性

安全性

寿命が長く食品の味をよくし、純鉄なのでリサイクルが可能です。食品保管にはむいていません。

木

環境性

安全性

製作時のエネルギー使用量が少なく安全ですが、寿命が短いです。食べ物を長い間入れておくと、器が傷みます。

プラスチック

環境性

安全性

廃棄する時、有害物質が発生します。また、食品と反応して環境ホルモンが発生します。寿命が短く、食品の保存にもむきません。

ガラス

環境性

安全性

食べ物を安全に長期間保存することができます。製作時に大量のエネルギーを使いますがリサイクルが可能です。

磁器

環境性

安全性

食べ物を安全に保存することができ、材料も比較的安全です。しかし、リサイクルができず、製作時に大量のエネルギーを使います。

コーティング加工フライパン

環境性

安全性

コーティングがよく剥がれるうえに寿命が短い。コーティング物質が食べ物といっしょに体内に入る可能性があります。リサイクルできません。

1回用(使い捨て)容器

環境性

安全性

使用時に環境ホルモンが発生します。また、廃棄時にも有害化学物質が発生します。寿命が短く環境と健康に悪影響を及ぼすので使わないことをおすすめします。

ふたつ

食欲をそそるおかずの数々

簡単に作れて、美味しくて、健康にもよい—そんなおかずが、ないかなぁ？

そんな悩みを、ぱっと吹き飛ばしてくれるおかずの数々を準備しました。

栄養を余すところなく生かした野菜の和えもの、

とくべつ美味しいヂョンとチャントッ、

食べても食べてもあきないチャンアチ…、

「さて、何から食べよう」と、悩んじゃうでしょ？

海の栄養を一口で

海藻の三種和え

さわやかな海の香りを満喫しませんか？

あらゆる栄養素が濃縮されている海藻の和えものは、いかがですか？

さっぱり味のわかめとこくのある昆布の味が重なって、口の中に海の香りがいっぱい。

4　2人分　30分　春夏秋冬

主材料 ● 海苔（5枚）、乾燥わかめ（手のひらサイズ3枚）、昆布（手のひらサイズ3枚）、大根（1/4本）

ヤンニョム ● えごま油（1）、玄米酢（2）、しょうゆ（3）、米の水あめ（2）、煎りごま（1）

1 えごま油1、玄米酢2、しょうゆ3、米の水あめ2をまぜてヤンニョムジャンを作る。

＊えごまの香りが強いと感じる人は、ごま油を使ってもよい。

2 大根1/4は、千切りにする。

3 乾燥わかめ手のひらサイズ3枚と昆布手のひらサイズ3枚を、水ですすぐ。ぬれたまま10分くらいおき、細切りにする。

＊昆布はくるくる巻いて切ると、上手に切れますよ。

4 油を塗らないで火で炙った海苔を小さくちぎって、3とまぜて水気をとる。大根の千切りとヤンニョムジャンを入れ、もむようにして、よくかきまぜる。

＊お好みで、すりごまを入れてもいいですよ。

材料の力

海藻類は抗がん効果がずばぬけている健康食です。乾燥していないものより乾燥しているもののほうが、栄養素がより豊富です。わかめにはカルシウムと鉄分、昆布にはヨードとリン、海苔にはビタミンとたんぱく質が含まれています。

さわやかな春の使者

ひじきの和えもの

3　2人分　10分　春

主材料● ひじき（1握り）、たまねぎ（1/4個）、にんじん（1/4本）

ヤンニョム● みそ（0.2）、コチュジャン（0.2）、ごま塩（0.2）、にんにくのみじん切り（0.2）、レモン汁（0.2）

こりこりとした歯ざわりが独特なひじきが、
たまねぎとにんじんに出会い、
みずみずしい春の香りになりました。

1

3

1 ひじき1握りをきれいに洗い、ざるにあげて水を切る。水が切れたら、食べやすい大きさに切りそろえる。

2 たまねぎ1/4個とにんじん1/4個は千切りにする。

3 2を入れたボウルにひじき、みそ0.2、コチュジャン0.2、ごま塩0.2、にんにくのみじん切り0.2、レモン汁を入れ、よくもむ。

＊レモン汁のかわりに、酢や魚醤入りヤンニョムを使ってもいいです。

材料の力

ひじきは血管が硬くなるのを防ぎ、歯の健康のためにも、とてもよい食べ物です。胎児の骨を丈夫にする働きもするので、妊産婦にも適した食べ物です。
旬の春に食べるのが、もっともよいでしょう。材料さえそろえば、10分もかからないで出来上がります。

古くからの友のようなぬくもりと香りがする

長芋のごまみそ和え

山の栄養分がぎっしりつまっている長芋。
みそとごまが混じりあって、一口食べたときの風味が、いつまでも口の中に残ります。
虚弱体質の方・神経痛・リュウマチがある方に、とてもよい食べ物です。

3　2人分　30分　冬

主材料 ● 長芋（1本）

ヤンニョム ● みそ（2）、ごま（2）、梨（1/2個）

♣生の長芋に、そのままみそをつけて食べることもあります。

1 長芋1本は皮をむき、薄く切る。

2 ごま2と梨1/2個を、ミキサーにかける。

3 2とみそ2を、長芋といっしょに和える。

＊生の長芋が食べづらいようでしたら、フライパンでさっと炒めてもいいですよ。

材料の力

長芋には消炎・解毒作用があります。またコレステロール値を下げ、動脈硬化にも効能があります。長芋のごまみそ和えは、長芋本来の味を保ちながらも栄養分の損失が少ない調理法です。

2

3

ダイエットのためのおかず

ごぼうの和えもの

食欲がないのですか？

ちょっと辛いけれど、さくさくとごぼうの和えものはいかがですか？

ごぼうは繊維質が豊富で、カロリーが低く、

便秘予防とダイエットにぴったりです。

4　2人分　10分　冬

主材料 ● ごぼう（1本）

ヤンニョム ● コチュジャン（1）、ねぎのみじん切り（0.5）、にんにくのみじん切り（0.2）、米の水あめ（1）、塩（0.5）、酢（0.2）、ごま油（0.2）

材料の力

ごぼうは体内の毒素を排出する効果があるので、顔や手足がむくむ人によい食べ物です。特に食物繊維を42%も含有しており、食物繊維は発がん物質と有害物質を体外に排出するので、大腸がんを予防する効果があります。
また体内に吸収される速度がゆるやかなので、血糖値が上がらず糖尿病患者にも適しています。

1 ごぼう1本は皮をむいて適当な大きさに切りそろえ、5分間ほど酢水につけてから取り出す。

＊酢はごぼうの渋味をとり、変色も防いでくれます。

2 ごぼうを、3分間さっとゆがく。

3 ボウルに、ごぼう、コチュジャン1、にんにくのみじん切り0.2、米の水あめ1、ねぎのみじん切り0.5を入れ、よくまぜながら塩で味をととのえる。

＊すっぱい味が好みなら酢0.2で、香ばしい味が好みならごま油0.2で、仕上げてください。

食べれば食べるほど若くなる

ごぼうの炒めもの

3　2人分　10分　冬

ごぼうは原産地のヨーロッパでは薬用として、
日本では老化防止食品として、好まれています。

主材料 ● ごぼう（小さいもの1本）

ヤンニョム ● 玄米油（0.5）、塩（0.2）、ごま塩（0.2）

1 ごぼう1本の皮をむき、食べやすい大きさに切りそろえる。

2 玄米油0.2をフライパンにひき、熱くなったら塩を入れ、ぶくぶく泡が出るまで待つ。

3 泡が出てきたらごぼうを入れ、約3分間炒め、ごま塩0.2をまぶして仕上げる。

ふわふわ、しっとり、いくらでも食べられる

炒り豆腐

お粥やスープよりやわらかくて、
子どものおやつ・離乳食・病人の養生食として、
適しています。

5　2人分　30分　春夏秋冬

主材料 ● 豆腐（1/2丁）、卵（1個）、たまねぎ（1/2個）

ヤンニョム ● 塩（0.2）、ごま塩（0.5）、昆布だし（1カップ）

1 豆腐を裏ごしして、しっかりつぶす。

2 1にとき卵と千切りにしたたまねぎを入れる。

3 昆布のだし汁1カップを入れ、塩で味をととのえ、2分ほど煮立てて完成。

＊器に少量の汁もいっしょに盛って、ごま塩をかけてください。離乳食として使う時は、ごま塩を入れないでください。

栄養大集合

きのこの寄せ炒め

噛めば噛むほど、しこしこと味わい深いきのこ料理。
脂っこくもなく、かたくもなく、淡白で胃腸への負担もありません。
きのこはアミノ酸とビタミンが豊富な低カロリー食品で、
糖尿病の患者さんやダイエット中の人向きです。

5　2人分　30分　秋

主材料 ● ひらたけ（1/2握り）、しいたけ（3枚）、エリンギ（1パック）、えのき（1/2握り）

ヤンニョム ● にんにくのみじん切り（1）、たまねぎのみじん切り（1）、わけぎ（1本）、ごま油（1）、玄米油（1）、ごま塩（1）、糸とうがらし（1）、塩、こしょう

1 ひらたけ1/2握りは洗って水気をとり、太めにさく。しいたけ3枚は石づきをとり、薄切りにする。

2 エリンギ1パックも薄切りにし、えのき1/2握りは石づきをとりのぞく。

3 玄米油1とごま油1をひき熱したフライパンに、にんにくとたまねぎのみじん切りをいっしょに入れて炒める。

＊好みでにんじん・キャベツなどの野菜を入れてもいいですよ。

4 しいたけ→ひらたけ→エリンギ→えのきの順番で入れ、さっと炒める。

＊塩とこしょうで味をととのえたあと、わけぎを入れ、ごま塩と糸とうがらしで飾りつけをして、出来上がり。

材料の力

きのこはビタミンAとB_2を多く含んでおり、疾病を治療し免疫力を増強させる効果があります。がん細胞とコレステロール値を下げる働きもします。きのこの風味はグルタミン酸という物質によるものですが、この物質は化学調味料の主成分をなすものです。各種添加物が入っている調味料のかわりに、きのこを使ったほうが健康によいとは思いませんか？

受験生のための健康食

たまねぎの炒めもの

辛いたまねぎが驚きの甘さに変身。
油無しで炒めるので、とても淡白です。ご飯のおかずはもちろんのこと、
勉強中の子どものおやつにすれば、元気もりもり、成績もアップ！

3　2人分　10分　春夏秋冬

主材料 ● たまねぎ（1）、長ねぎ（1本）

ヤンニョム ● しょうゆ（1）

1 たまねぎ1個を、厚切りにする。

2 長ねぎ1本を、斜め切りにする。

3 たまねぎと長ねぎを鍋に移し、しょうゆ1を入れる。

4 弱火でたまねぎに火が通るまで、よく炒める。

＊炒める時、フライパンよりステンレスの鍋のほうがいいです。

材料のセンス

炒めものは、こんなふうにすると、いいですよ。

炒めものをする時、食用油をたくさん使っていませんか？
料理をする時、できるだけ油を使わないほうが私たちの体のためにもよいし、私たちが住む地球のためにもなります。
炒めものはフライパンに油をひいてしなければならないという偏見を捨てましょう。水分が多い野菜は調味料を合わせてから炒めると、材料から出る水分で油無しでも充分炒めることができます。
この場合、コーティング加工したフライパンではなくステンレスの鍋を使ってください。コーティング加工は、長く使っている間にはがれます。はがれた物質は、食べ物といっしょに私たちの体に入ることを、しっかり覚えておいてください。

油抜きで美味しい

エホバッの炒めもの

4　2人分　30分　夏

主材料 ● エホバッ（韓国かぼちゃ。ズッキーニで代用できる・1個）

ヤンニョム ● アミの塩辛（1）

アミの塩辛とエホバッは相性ぴったり。
油を使わないので健康にもよく、
味もとてもさっぱりしています。

1 エホバッ1個を、半月切りにする。

2 1を鍋に入れアミの塩辛1で味をととのえたあと、常温で10分以上おいて、火にかける。

＊浸透圧でエホバッから水分がたっぷり出ます。

3 中火で5分ほど煮たあと、弱火にして炒める。

肉類・中国料理によくあう

たまねぎの酢漬け

たまねぎはコレステロール値を下げ、血液をさらさらにしてくれるので、魚肉類や脂っこいものといっしょに食べるとよいでしょう。

4　2人分　1時間　春夏秋冬

主材料 ● たまねぎ（2個）、酢（1カップ）、水（1カップ）、塩（1）

2

3

材料の力

たまねぎのブドウ糖は短時間でエネルギーとして活性化するので、エネルギーの消耗が多い受験生の間食としておあつらえ向きです。コレステロール値を下げてくれるので、魚肉類と一緒に食べるのもいいです。

1 たまねぎ2個の皮をむき、きれいにする。

2 酢1カップ、水1カップ、塩1で酢水を作る。

3 容器に入れたたまねぎに、酢水をひたひたに入れる。

＊冷蔵庫で保存。1週間くらいで食べられます。

豆もやしの華麗なる変身

豆もやしのしょうゆ煮

大韓民国代表栄養食品<豆もやし>の新しい姿。

さくさくした噛みごたえ、さっぱり味は一級品。

4　2人分　1時間　春夏秋冬

主材料 ● 豆もやし（2握り）、煮干し（1/2握り）

ヤンニョム ● 青とうがらし（2本）、赤とうがらし（2本）、にんにくのみじん切り（0.2）、濃い口じょうゆ（2）、水（2カップ）

材料の力

豆もやしは他の豆類に比べて消化がよく、食物繊維・カルシウム・鉄分が豊富です。豆もやしの食物繊維は便秘と生活習慣病予防に効果があり、ビタミンB_1は各種栄養素をエネルギーに変えてくれます。調理時に、あまり長く水につけておいたり加熱しすぎると、栄養素が減少することを忘れないように。

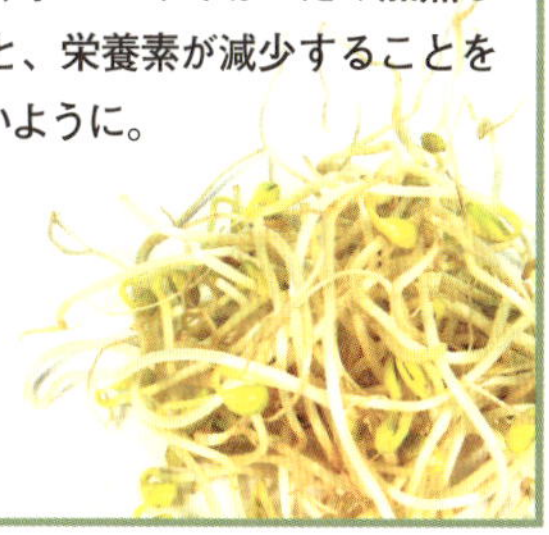

1 鍋に煮干し1/2握りと水2カップを入れて煮立てる。煮立ったら煮干しを取り出す。

＊菜食エキス（野菜だし）を使ってもいいです。

2 1にきれいに洗った豆もやし2握りを入れ、しょうゆ2を入れる。

3 青とうがらし2本と赤とうがらし2本とにんにくのみじん切り0.2を入れ、20分間、中火で汁がなくなるまで煮る。

＊柔らかくなりすぎないように煮るのが、ポイントです。

家族全員のダイエットのための栄養食

豆腐の煮つけ

豆腐の煮つけは油を使わないので、あっさり味の低脂肪料理です。
みんなが好きなうえに簡単に作れるので、常備菜として重宝します。
昆布を加えて、栄養のバランスもよくしました。

5　2人分　30分　春夏秋冬

主材料 ● もめん豆腐（1丁）

ヤンニョム ● 粉とうがらし（1）、しょうゆ（3）、はちみつ（1）、青とうがらし（1本）、赤とうがらし（1本）、たまねぎ（1/2個）、にんにくのみじん切り（0.2）、昆布（手のひらサイズ（1枚）、煮干しだし（1カップ）、水（1カップ）

材料の力

豆腐は女性のホルモン療法にも効果があるなど、いろいろと有効な食品です。
わかめ・昆布・海苔など、さまざまな栄養素が豊富な海藻類といっしょに食べると、さらに効果的です。

1 豆腐1丁を、3〜4cm角に切る。

2 鍋に水1カップ、昆布手のひらサイズ1枚、煮干しだし1カップ、しょうゆ3、はちみつ1、にんにくのみじん切り0.2と豆腐を入れ、蓋をして煮る。

3 ある程度煮立ったら、斜め切りにした青とうがらし1本、赤とうがらし1本、たまねぎ1/2個を入れ、もう一煮立ちさせる。

＊器に盛りつけたら、ごま塩をかけてください。最後に麦の水あめを入れると、つやが出て、思わず食べたくなりますよ。

どんな料理ともよくあうご飯泥棒

蒸しなす

なすは、糖質・たんぱく質・脂肪の含有量が非常に少ない低カロリー食品です。
色がきれいなので、料理の材料としていろいろに使われます。
やわらかくてさっぱり味なので、いくら食べても飽きることがありません。

4　2人分　30分　秋

主材料 ● なす（2本）

ヤンニョム ● ねぎのみじん切り（0.5）、にんにくのみじん切り（0.5）、ごま油（0.2）、しょうゆ（0.2）

1 なす2本をきれいに洗い、食べやすい大きさに3〜4等分する。十字に包丁を入れる。

＊こうしておくことで、蒸した後、なすがさきやすくなります。

2 強火で20分少々、蒸す。蒸しすぎると、和える時に形がくずれるので蒸し過ぎないように注意する。

3 蒸し上がったら、よく冷ましてから食べやすいように縦にさく。

4 ねぎのみじん切り0.5、にんにくのみじん切り0.5、ごま油0.2、しょうゆ0.2を入れて、なすの形をくずさないように和える。

材料の力

なすはカルシウム・鉄分などミネラルは多く含んでいますが、ビタミンの含有量は少ない方です。組織がスポンジのようになっていて油をよく吸収するので、植物性の油で料理するとビタミンEを多く摂取することができます。また、なすは体を冷やす食品なので高血圧や熱が高い人におすすめです。表面が濃い紫色で、傷がなく、艶があるものを選んでください。

♣出来上がった料理に冷水を入れ氷を浮かべると、なすの冷製スープになります。

故郷の香りがする味

ウゴジのみそ煮

白菜を余すところなく全部使い切るウゴジは、それこそ親環境的な食品です。
繊維質が多く含まれているので、便秘予防にも効果的です。
ウゴジをやわらかくしたければ、重曹を少し入れてゆがくといいですよ。
(ウゴジ＝白菜や大根の外側の葉や茎)

4　2人分　1時間　冬

主材料 ● ウゴジ（2握り）、中くらいの大きさの煮干し（6本）、長ねぎ（1本）、米のとぎ汁（1カップ）

ヤンニョム ● にんにくのみじん切り（0.2）、粉とうがらし（0.2）、チョンヤン（青陽）とうがらし（辛味の強い青とうがらし1本）、ごま油（0.2）、塩（0.2）、みそ（2）

1 ウゴジ2握りは塩0.2を入れてゆがいたあと、茎ごとにさいて水気を取る。

2 煮干し6本、みそ2、チョンヤン（青陽）とうがらし1本、にんにくのみじん切り0.2、粉とうがらし0.2、ごま油0.2、斜め切りにした長ねぎ1本を、ウゴジといっしょにする。

3 2をまぜる。手でまぜることで、より美味しい味になるように素手で和える。

4 米のとぎ汁1カップを3に入れて、一煮立ちさせる。

＊ウゴジに合わせみそがなじんだら火を止めて器に盛りつけ、おもてなしを。

健康で長生きしましょう

エリンギのサム

きのこは〝山の肉〟と言われるくらい、栄養が豊富です。
ご飯を包んで食べる野菜の中にきのこを加えると、ほのかな香りがただよい、
まるで仙人にでもなったような気分です。
親環境美食家たちが、もっとも喜ぶ料理です。
（サム＝生の葉物野菜でご飯や野菜をくるんで食べること）

5　2人分　30分　春夏秋冬

主材料 ● エリンギ（3本）、サム用の野菜（2握り）

ヤンニョム ● ごま油（2）、塩（0.2）

1 エリンギ3本を、きれいに洗う。

2 きのこを薄切りにして、さっとゆがく。

3 ごま油2と塩0.2をまぜて、たれを作る。

＊ごま油のかわりにえごま油を使っても、香ばしいですよ。

4 サム用の野菜2握りといっしょに、皿に盛りつけて出す。

材料の力

各種アミノ酸を含有しているエリンギは消化を助け、気分を爽快にしてくれます。ビタミンB_2、D、チロシナーゼ、葉酸などを多く含んでいるので、高血圧や貧血の治療に効果があります。ビタミンCやカルシウムなど、抗がん作用と免疫力を高める成分も多く含まれています。

海の香りと歯ごたえのハーモニー

豆もやしとわかめのサム

カルシウムの宝庫のわかめと豆もやしが出会って、
なんとも美味しいおかずが生まれました。
やわらかい口あたりなのに、さくさくした歯ごたえが、気分までさわやかにしてくれます。

4　2人分　1時間　春夏秋冬

主材料 ● 豆もやし（1握り）、生わかめ（手のひらサイズ5枚）

ヤンニョム ● コチュジャン（1）、米の水あめ（0.2）、酢（0.2）、レモン汁（0.2）

材料の力

わかめにはアルギン酸という食物繊維が44%も含まれています。アルギン酸は量が増えて満腹感を感じさせてくれますが、カロリーは非常に低くて肥満予防になります。わかめにはカルシウムもたくさん含まれていて、骨粗しょう症予防、産後の子宮収縮や止血に、卓越した効果があります。

1 豆もやし1握りは頭と根の部分をきれいに取り除き、5分ほどゆがく。

＊取り除いた豆もやしの頭は捨てないで、別途ゆがいて使います。粉とうがらしで味つけをして、ご飯にまぜて食べれば栄養満点！そして、生ごみを少なくすることにもなります。

2 生わかめ・手のひらサイズ5枚は、豆もやしを包める大きさに切る。

3 豆もやしを、切っておいた生わかめの上にのせて巻く。

＊コチュジャン（1）、米の水あめ（0.2）、酢（0.2）、レモン汁（0.2）で作ったヤンニョムジャンを添えてください。

昆布を2倍楽しもう

昆布巻きサム

だしをとったあとの昆布が、一級料理に生まれ変わりました。
冷蔵庫で眠っている野菜も果物も、全員出動。
味も生かし、環境も生かし、昆布大活躍！

4　2人分　30分　春夏秋冬

主材料● だしをとったあとの昆布（手のひらサイズ10枚）、にんじん（1/2本）、梨（1/2個）、きゅうり（1/2個）、えのき（1/2握り）、ゆがいた細ねぎ（1/2握り）

ヤンニョム● しょうゆ（3）、酢（0.2）、からし（0.2）

材料の力

昆布は鉄分・ヨードなどミネラルが豊富なアルカリ性食品です。わかめよりたくさん含まれているヨードは、甲状腺ホルモンを作るのに必要な成分で、心臓と血管の活動を助ける役割をします。アミノ酸の一種のライシンは、血圧を下げる働きをすると言われています。

1 だしをとったあとの昆布・手のひらサイズ10枚をきれいに洗い、冷蔵庫で冷やす。

2 にんじん1/2本、梨1/2個、きゅうり1/2本、さっとゆでたえのき1/2握りを昆布と同じ長さに切りそろえる。

＊冷蔵庫の中にある残り物の野菜や果物を使ってもいいですよ。

3 2を昆布にのせて巻き、細ねぎまたはつまようじで止める。

4 しょうゆ3、酢0.2、からし0.2で作ったソース、またはお好みでチョコチュジャン（酢入りコチュジャン）を添える。

食卓の甘草

チャンアチ詰め合わせ

どんなに急いでいても、チャンアチさえあれば、大丈夫！
体によい材料と韓国固有のヤンニョムがめぐり会って生まれたチャンアチは、
一年中、常備菜として、お弁当のおかずとして飽きがきません。

4 2人分 1時間 春夏秋冬

主材料 ● きゅうり（1本）、昆布（手のひらサイズ2枚）、青とうがらし（5本）、えごまの葉（10枚）、ごぼう（1/2本）、キャベツ（2枚）、たまねぎ（1/2 個）

ヤンニョム ● 水（2カップ）、砂糖（5）、濃い口しょうゆ（5）、酢（3）

1 きゅうり1本は、あら塩でこすってから洗う。昆布・手のひらサイズ2枚は、ぬれぶきんで拭く。えごまの葉10枚、ごぼう1/2本、キャベツ2枚、たまねぎ1/2個は、洗って水を切っておく。

2 青とうがらし5本は、ほどよい塩加減の塩水に30分程度つけておく。

3 適当な大きさのビンに、えごまの葉以外の材料を切って詰める。

4 水2カップ、砂糖5、濃い口しょうゆ5、酢3を鍋に入れて、ぐらぐら煮立て、3に流し入れる。漬け汁が冷めるのを待って、えごまの葉をふたのようにしてかぶせる。二日くらいで食べられる。

＊数カ月保存するには漬け汁を取り出して沸騰させ、冷めてから容器に戻す作業を定期的に行いますが、10日ほどで食べきる分にはその必要はありません。

料理のセンス

チャンアチは大根・きゅうり・にんにくなどを、しょうゆ・みそ・コチュジャン、または酢に漬け込んで食べる常備菜です。一般的なチャンアチはチャングァと言い、長期間保存しないですぐ食べるものをカプチャングァまたはスクチャングァと言います。野菜と昆布を入れてスクチャングァを作ってみるといいですよ。常備菜としても重宝しますし、小さくきざんでおにぎりの具にしてもいいですよ。

サンサムの効能に匹敵する

コチュジャン漬けにんにく

にんにくは最高の抗がん食品です。
生のにんにくは胃腸を刺激するので、一度にたくさん食べられないのが残念です。
味もまろやかで、生のにんにくの栄養分を、そっくりそのまま保っているチャンアチ。
一日に3～4片ぐらいずつ食べれば、薬要らずです。

(サンサム＝山に自生する高麗人参)

4　2人分　30分　春夏秋冬

主材料 ● にんにく（30粒）、コチュジャン（5）

1 粒があまり大きくないにんにく30粒を選び、皮をきれいにむく。

＊皮をむいたにんにくは水で洗わないでください。どうしても洗わなくてはいけないときは、水気を完全にとってから使ってください。

2 にんにくを、ガラスびんに10％くらいの隙間を残して詰める。

3 コチュジャン5を、ガラスびんに詰めたにんにくの上からかける。

4 ふたをして、ガラスびんを振ったり外からたたいて、にんにくの間にコチュジャンがしみとおるようにする。

＊一カ月くらいして、にんにくにコチュジャンがよくしみこんだら、取り出して食べてください。

材料の力

にんにくはアメリカ国立がん研究所が選定した48種類の抗がん食品の中でも最良のものとして選ばれました。にんにくのアリシンとカプサイシン成分は、血液をさらさらにして血液の凝固を防ぎ、心臓麻痺と高血圧に効能があります。またビタミンEより強力な抗酸化作用があり、第二次世界大戦の時には消毒薬のかわりに使われたというくらい強力な抗菌効果があります。

チャンアチ用のにんにくは、夏至前に収穫したもので皮がうすく、皮と茎が赤みをおびたものが最適です。

消化剤の必要なし

大根のチャンアチ

えっ？　これ、ほんとうに大根で作ったの？

こんな一味ちがう味が出せるなんて！

トンチミや、チャンチでも作れます。

常備菜として今日、さっそく作ってみては。

（トンチミ＝大根を薄い塩水に漬けたもの。チャンチ＝大根や白菜の塩漬け）

4　2人分　春夏秋冬

主材料 ● 大根（1/2本）、みそ（2カップ）、コチュジャン（1カップ）

ヤンニョム ● ごま油（0.2）、ごま塩（0.2）、米の水あめ（0.2）

材料の力

大根は、どんなに食べても害にならない食べ物です。
大根に含まれているジアスターゼは、アミラーゼという消化剤成分と同じものです。エストラーゼ酵素は、脂肪とがん細胞を分解します。大根のチャンアチは、大根に火を通さないので、すべての栄養分を、そっくりそのまま摂取できる料理です。

1 大根1/2本をきれいに洗って薄切りにし、日光にあてて一日干す。

2 干した大根をみそ2カップの中に入れ、一週間そのままにしておく。

3 全体にまんべんなくみそがなじんだらみそをとりのぞき、コチュジャンに漬けこむ。またはよく和えて、さらに一週間おく。

4 水できれいに洗い千切りにする。ごま油、ごま塩、米の水あめ0.2で和える。

ビタミンCの宝庫

青とうがらしとえごまの葉のチャンアチ

歯ざわりがよくちょっぴり辛い青とうがらしと、さわやかなえごまの葉の組み合わせ。
食卓の上に、草原の香りと栄養が、いっぱい。

4　2人分　30分　春夏秋冬

主材料 ● 青とうがらし（10本）、えごまの葉（20枚）

ヤンニョム ● しょうゆ（1カップ）、酢（1/2カップ）、砂糖（1/2カップ）、清酒（1/2カップ）

1 青とうがらし10本とえごまの葉20枚を、きれいに洗う。

2 とうがらしに味がしみこみやすいように、フォークまたは針で穴をあける。

3 しょうゆ1カップ、砂糖1/2カップ、清酒1/2カップを大きめの鍋に入れ煮る。ぐらぐら煮立ってきたら、5分後に酢を入れる。

4 容器にとうがらしとえごまの葉を入れ、3が冷めないうちに上からかける。

＊常温で一日置き、その後、冷蔵庫で保存してください。熱いソース使用の漬けものは、2週間内に食べたほうがよいでしょう。

材料の力

辛い食べ物は、体温を上げカロリーをたくさん消費します。とうがらしに含まれているカプサイシンは、血管を拡張しコレステロールを下げる働きをします。とうがらしはビタミンCが豊富で、一日に2〜3本食べれば、一日のビタミンC必要摂取量を満たすことができます。

我が家だけの特別メニュー

どんぐりの粉で作った乾燥ムッのチャップチェ

肉のかわりに、どんぐりの粉で作った乾燥ムッを使ったチャップチェ、
召し上がったことがありますか？
しこしことしたあっさり味は一級品です。
よその家では味わえない我が家だけの特別メニューです。

（ムッ＝ソバ、緑豆、ドングリなどの粉をゼリー状に固めたもの）

4　2人分　1時間　春夏秋冬

主材料 ● はるさめ（2握り）、どんぐりの粉で作ったムッ（1/2丁）、ピーマン（1個）、にんじん（1/4本）、干ししいたけ（3枚）、卵（1個）

副材料 ● ひらたけ（1本）、豆もやし（1/2 握り）、たまねぎ（1/4個）

ヤンニョム ● しょうゆ（1）、米の水あめ（0.2）、ごま塩（1）、粉とうがらし（0.2）

1 どんぐりの粉で作ったムッ1/2丁を細長く切り、ざるなどの上にきれいに並べ、表裏をひっくり返しながら2〜3日陰干しにし、油で軽く炒める。

＊市販の乾燥ムッを使う場合は、沸騰した湯で10〜15分程度ゆがくか、または一晩くらい水につけてから使うといいです。

2 干ししいたけ3枚はぬるま湯につけてもどし、やわらかくなったら細切りにする。はるさめ2握りも水でもどし2〜3等分にする。

3 卵1個を白身と黄身に分けて錦糸卵を作る。豆もやし1/2握りは沸騰した湯でゆがき、たまねぎ1/4個、にんじん1/4本、ひらたけ1本は、千切りにしてさっと炒める。

＊きのこはごま油、水あめ、しょうゆ、こしょうを少しずつ入れ、3分くらい置いて炒めると、調味料がよくなじみます。
＊野菜は油のかわりに水を少し入れて炒めながら、塩を少量ふりかけて味をととのえてください。

4 しょうゆ1、米の水あめ0.2、ごま塩1、粉とうがらし0.2を入れて和えたはるさめを炒める。さきに炒めておいた野菜と混ぜて、ムッと錦糸卵といっしょに盛りつける。

材料の力

どんぐりの渋味と苦味は、タンニンが含まれているからです。タンニンは下痢を止め、毛細血管を丈夫にします。糖尿を改善し、胃を健康にする効能もあります。どんぐりはカロリーが低いので、だれでも負担なく食べられます。どんぐりの粉で作った乾燥ムッを手に入れるのがむずかしいようだったら、どんぐりの粉で作った普通のムッを二日間ほど陰干しして使うといいですよ。献立を肉食から野菜中心に変えるのが、素朴な食卓にしていく第一歩です。

栄養満点で環境保護にもなる

生野菜のチャップチェ

野菜を生のままで食べる料理です。

熱による栄養破壊がないので、それだけ栄養が生きているということです。

にんじんは、さっとゆがいて使ってもいいでしょう。

5 2人分 1時間 春夏秋冬

主材料 ● はるさめ（2握り）、キャベツ（2枚）、きゅうり（1/2本）、たまねぎ（1/4個）

副材料 ● にんじん（1/2本）、干しぶどう（1）

ヤンニョム ● しょうゆ（0.5）、ごま油（1）、米の水あめ（0.2）

1 キャベツ2枚、きゅうり1/2本、たまねぎ1/4個、にんじん1/2本を千切りにし、冷水にさらす。

2 はるさめ2握りは熱湯でゆがいて、冷水ですすぐ。

3 器にはるさめを入れ、しょうゆ0.5とごま油1で下味をつける。

4 3に1を入れ、米の水あめとしょうゆで味をととのえる。

料理のセンス

ビタミンCをそのまま摂取する方法

ビタミンCは、抗ウイルス作用・抗アレルギー作用・抗酸化作用・関節軟骨形成・血管強化など、私たちの体に有益な栄養素です。しかし、調理する過程で壊れやすい栄養素でもあります。でも、ちょっと気をつければ野菜と果物のビタミンCを壊さないで摂取することができます。

—果物と野菜は、旬の新鮮なものを求めること。
—果物と野菜についている土を取り除いたり、水につけて保存しないこと。
—ゆがく時は、沸騰した湯に、さっとくぐらせて取り出す。
—大根・にんじん・きゅうりは、食べる直前に切りそろえることが大切です。
—野菜や果物をすりおろして使う時は、塩を少し入れるといいですよ。

やわらかな春の日の味覚

ツルマンネングサの水キムチ

4　2人分　30分　春

主材料 ● ツルマンネングサ（2握り）、きゅうり（1本）、赤とうがらし（1本）、青とうがらし（1本）、たまねぎ（1/4個）

ヤンニョム ● 梨のしぼり汁（2）、みじん切りのしょうが（0.2）、塩（0.5）

青々とした芽吹きの春。
さわやかな若草色で、食卓をととのえてみては？
家族みんなが、舌鼓を打つことでしょう。

1 ツルマンネングサ2握りをきれいに洗い、軽く塩をしておく。

2 麻の小袋に、きざんだ赤とうがらし1本と青とうがらし1本、たまねぎ1/4個、しょうが0.2を入れる。

3 ツルマンネングサ、千切りにしたきゅうり1本、梨のしぼり汁を容器に詰め、水を入れる。容器に2の麻の小袋を入れる。

＊3を1～2日、冷蔵庫で熟成させれば食べられます。

おもてなしにもぴったりの健康食

豆腐の冷菜

豆腐と野菜の取り合わせ抜群の珍味。
ちょっと酸っぱいからしソースが、
おおいに食欲をそそってくれますよ。

4　2人分　20分　春夏秋冬

主材料 ● 豆腐（1丁）、きゅうり（1本）

副材料 ● にんじん（1/2本）、チコリ（2握り）

ヤンニョム ● 練りからし（1）、酢（1）、濃い口しょうゆ（0.2）、松の実の粉末（1）、はちみつ（1）、にんにくのみじん切り（0.2）、塩（0.2）

2

3

1 豆腐1丁は熱湯をくぐらせ、薄切りにしフライパンで焼いたものを、細長く切る。

2 きゅうり1本とにんじん1/2本は、豆腐の大きさにそろえて薄切りにする。チコリは、一口大にちぎっておく。

＊にんじんはさっとゆがいて使うと、やわらかくていいですよ。

3 松の実の粉末1、練りからし1、酢1、濃い口しょうゆ0.2、はちみつ1、にんにくのみじん切り0.2、塩0.2をまぜて作った松の実入りからしソースを添える。

＊ソースがぱさぱさするようだったら、菜食エキス（野菜だし）を少量入れてください。海苔もいっしょにだすのもいいですね。

ポパイの力！

ほうれん草のチーズ和え

ほうれん草さえ食べれば、怪力を発揮するポパイを知ってますよね？
ハンバーガーとピザにどっぷりの子どもたちの味覚を、変えてみませんか？
チーズの脂っぽさも香ばしくなり、ほうれん草は歯ごたえバッチリ。

3　2人分　30分　春

主材料 ● ほうれん草（1握り）、チーズ（手のひらサイズ2枚）

ヤンニョム ● 魚醤（1）、にんにくのみじん切り（1）、オリーブ油（0.2）、粒ごま（0.2）

材料の力

ほうれん草はカロチン・ビタミンC・鉄分・カルシウム・ヨードを多く含んでおり、血をさらさらにしてくれます。特に葉がやわらかく消化がよいので、子どもやお年寄りによい和えものです。チーズは、野菜に足りないたんぱく質と脂肪をおぎなってくれます。

♣ほうれん草のかわりに、ブロッコリーを使ってもよい。ただし、ブロッコリーは熱湯でさっとゆがいたあと、フライパンで十分に炒めてからチーズをふりかける。

1 熱したフライパンにオリーブ油0.2をひき、にんにくのみじん切りをさっと炒める。

2 きれいに洗ったほうれん草1握りをフライパンで軽く蒸し焼きにして、魚醤1をまぜる。

3 2に細かくきざんだチーズ手のひらサイズ2枚をふりかけて蓋をし、もう一度蒸し焼きにして火を止める。

＊粉チーズやピザ用のチーズはきざまなくてもそのまま使えます。チーズがほどよくとけたら、お皿に盛りつけて、ぱらぱらっと粒ごまをふりかけてください。

王様の食膳にのせた

灰貝の焼きもの

〝灰貝がたくさん獲れる全羅道高興《チョルラドコフン》では

力自慢をするな〟という言葉があるくらいです。

灰貝は、子どもや女性に必要な栄養分が多く含まれている食べ物です。

（灰貝は赤貝に似た二枚貝。韓国では日ごろから灰貝をたくさん食べている高興の人たちは、骨格がしっかりしているので、彼らの前では〝力自慢をするな〟という言い伝えがあります。）

4　2人分　1時間　冬

主材料 ● 灰貝（1握り）

副材料 ● にんじん（1/4本）、たまねぎ（1/4個）、青とうがらし（1本）、赤とうがらし（1本）、えごまの葉（2枚）

ヤンニョム ● 濃い口しょうゆ（2）、米の水あめ（1）、清酒（1）、にんにくのみじん切り（2）、ごま塩（1）、ごま油（0.2）、粒ごま（0.2）

1 灰貝1握りは、塩でよくもみ洗う。鍋に水を入れ、貝の口が開くまでゆがき、身だけを取り出す。

＊ゆがきすぎると身がくずれ、味と栄養分が損失します。さじを身と貝殻の間に入れてねじると、簡単に身をはがせます。

2 濃い口しょうゆ2、米の水あめ1、清酒1、にんにくのみじん切り2、ごま塩1、ごま油0.2で、ヤンニョムジャンを作る。

＊ヤンニョムジャンに、梨・パイナップル・キゥイなどの果汁やおろしたまねぎを入れると、いっそう美味しくなります。

3 ゆがいた灰貝をヤンニョムジャンで味つけし、30分ほどおく。

4 フライパンに油をひき、3といっしょに千切りにしたにんじん1/4本、たまねぎ1/4個、青とうがらし1本、赤とうがらし1本、えごまの葉2枚を炒める。

＊お皿に盛り、粒ごまをふりかけてください。

材料の力

灰貝は消化吸収のよい高たんぱく質・低脂肪のアルカリ性食品です。王様の食膳にのせる8珍味の中の一つでした。ビタミン・必須アミノ酸・鉄分など血を作る成分が含まれていて、低血圧を改善する効果があります。

環境と仲良くするための手引き…

疾病を呼ぶ環境ホルモン

環境ホルモンは、日常生活でよく使うプラスチック、ビニール、農薬、合成洗剤などを通して人の体に入り込みます。環境ホルモンは人のホルモンと似た化学構造をもつため正常な内分泌系を妨害し、生殖異常、奇形、知能低下、がんを誘発する物質です。ダイオキシン、ノニルフェノール、ビスフェノールAなどは、代表的な環境ホルモン誘発物質です。農薬、防腐剤、食品添加物、酸化防止剤、腐蝕防止剤、プラスチック、缶容器、カップラーメン容器、ラップなどが、このような環境ホルモン誘発物質を発生させます。

環境ホルモンから家族を守る方法

—環境ホルモンに汚染されている可能性が高い肉類、魚類、酪農製品などに偏った食事ではなく、野菜、穀類、果物などを組み合わせた食事をする。

—肉類についている脂肪はできるだけ取り除き、魚介類も内蔵、えら、皮など脂肪が多い部位は、なるべく食べないようにする。

—環境ホルモンは熱や油に溶けやすいので、食器は陶磁器やガラス、木製容器を使用する。

—プラスチック容器の使用を避ける。

—ファストフードでは、環境ホルモンが大量に検出されている。缶詰や缶入り飲料は、なるべく避ける。

—ラップは塩化ビニール系は使わないようにし、ポリエチレン製品を選ぶ。

—ごみを燃やすときにも環境ホルモンが発生するので、使い捨て用品は自制してごみの発生量を減らす。

生命を害する農薬

農薬は農産物を生産する過程で病害虫を防いだり、生産性を高めるために散布する薬剤です。収穫後の保存期間を延ばすために散布することもあります。農薬は農産物の表面についていたり中に浸透していて、それを食べる人に吸収されます。そのようにして吸収された農薬は、人の体内に30年間も残留します。

そればかりか、土壌の有機物と栄養素を抹殺し土地を酸性化します。雨で流されて河川と海水を汚染し、魚に被害を及ぼします。病害虫にも抵抗力がつき、それは農薬を使うほどに強力になり、大量の農薬を散布しなければ効果が出なくなります。

農薬から家族と地球を守ろうとするなら…

—輸入農産物は、収穫後にも農薬処理をしているので使わない。

—旬の果物と野菜を求め、食べる時は流水できれいに洗う。浸透性農薬が使用されている場合があるので、有機農産物を求めるのがよい。

—ビニールハウスで育った農産物には、大量の農薬と化学肥料が使われているので使用を避ける。

—普通以上につやつやしていたり見栄えがよいものは、ワックスや防腐剤処理をしている可能性が高いので留意する。

—最もよい方法は、国産有機農産物を利用すること。

—有機農産物が高いと思うのなら、少量で我慢するようにすればよい。

完全食品と言われる牛乳ほど不完全な食品もない

牛乳は、完全食品ではありません。牛乳に対する神話は、食品会社やその利害関係者たちが作り出したものです。

牛が食べる飼料には、防腐剤、抗生剤、神経安定剤、成長促進剤などが添加されています。

これらの毒性物質が乳牛の体内に、そのまま蓄積されます。どんなに少量でも飼料といっしょに毎日摂取すれば、有害物質の濃度は数万倍から数十万倍に達するようになります。これに運動不足などによるストレスが加わり、乳牛の体は毒素に覆われることになります。そして、これらはすべて乳となり排出されます。

牛乳はお腹に入れば胃壁を覆うので胃の活動を鈍らせ、円滑な消化を妨げます。

どんなによい食べ物でも人によっては体質的に合わない場合があるのに、大人たちは「牛乳=完全食品」という誤った思い込みで、子どもたちにむりやり牛乳を飲ませています。給食に出る牛乳を飲まないと罰を与える学校もあるといいます。何人かの専門家は、アトピー性皮膚炎の原因のひとつに牛乳摂取をあげています。

人の体はアルカリ性に近い時、免疫力が高いのですが、牛乳は代表的な酸性食品です。肉類、加工食品、白砂糖、漂白小麦粉と同じように体を酸性にし、免疫力を低下させる食品です。子どもたちの成長期に必要なたんぱく質とカルシウムは、ほかの方法で、いくらでも摂取できます。子どもに母乳のかわりに牛乳を飲ませなければいけない状態だったら、有機農製品販売所で売っているヤギ乳を飲ませることをおすすめします。値段は若干高いですが、たくさん飲ませようという考えさえ捨てれば、そんなに費用はかかりません。ヤギ乳は牛乳に比べ、鉄・リン・ビタミンの含有量が2～9倍も高く、たんぱく質の構造が母乳と似ています。ヤギは自然の中で育てる場合が多いので、有害飼料やストレスによる毒素の心配も少ないです。

カルシウムの補充は、「カルシウムの王様」の煮干しで、とりましょう。小さめの煮干しを粉にして麦こがしとまぜて飲ませてもよし、干してぱりぱりにしたものを食べさせるのもおすすめです。緑色の葉っぱの野菜やかぼちゃ、にんじん、れんこん、ごぼうなどにも、質のよいカルシウムが多く含まれています。特に、昆布のカルシウムは消化吸収力がずば抜けているので、いろいろな料理に使いましょう。また、たんぱく質は豆と魚で充分補えます。

肉食は人と地球をだめにする

全世界の穀物の37%は食用家畜の飼料として使われています。地球の肺と言われている熱帯雨林の50%以上が、放牧場を造るために焼かれています。地球の至るところで畜産動物の糞尿が、深刻な土壌・水質汚染を引き起こしています。肉を食べなければ力が出ないという考えは、非常に誤った常識です。私たちの体に必要なたんぱく質は、ほかの食品から、いくらでも摂取できます。

肉類と乳製品を遠ざけなければいけない理由

—農薬、除草剤、遺伝子組み換え食品、化学剤、抗生剤でごちゃまぜになっている飼料を食べて育った家畜の体にたまった汚染物質が、人間にそのまま伝達される。

—肉類を通して摂取されるコレステロールは、動脈硬化、中風、心臓病などを誘発する。

—必要以上のエネルギーを摂取することで、簡単に肥満になる。

—牛乳や乳製品などの高脂肪・高たんぱく質食品は、カルシウムと結合して骨粗鬆症などを起こしやすい。

肉食を減らし、バランスのとれた栄養を摂取する方法

—毎日、豆製品を一食以上食べる。

—玄米、精白していない小麦、大麦など全粒の雑穀を主食にする。

—野菜・果物類は、必ず旬の

有機農産物を食べる。

—海苔、わかめ、昆布、ひじき、青海苔のような海藻類を摂取する。

—ピーナッツ、松の実などの堅果類やごまを適度に摂取する。

遺伝子組み換え食品、安心して食べてもいいですか？

遺伝子組み換え（GMO：Genetically Modified Organism）とは、一個の生物体に他の種の遺伝子を人為的に挿入して新しい形質を作り出す技術のことです。

ひらめの凍りにくい性質の遺伝子を組み込んだトマトは寒い地方でもよく育ち、塩分に強い遺伝子を組み込んだ稲は海岸の湿地でも耕作が可能です。

遺伝子組み換えは地球の食糧問題を解決し環境汚染を減らすのに役立つと言われますが、その弊害も深刻です。害虫に強いとうもろこしは、微生物から殺虫遺伝子を取り出し挿入して作ります。そのとうもろこしを食べる虫は即死しますが、同じとうもろこしを人が食べても、なんの害もないのでしょうか？

今までに全世界で500余種の遺伝子組み換え食品が開発されました。そのうち、豆、とうもろこし、じゃがいも、小麦、トマト、かぼちゃ、あぶらな、稲、たばこなど16品目の作物が流通しています。遺伝子組み換え食品の栽培面積は、次第に広がっています。アメリカで生産される豆の54%、とうもろこしの25%が遺伝子組み換え食品ですが、その大部分が外国に輸出されています。

殺虫遺伝子が挿入されたとうもろこし、除草剤を撒いてもびくともしない豆などは、韓国に輸入される豆ととうもろこしの半分を占めています。食用油、澱粉、豆腐、みそ、しょうゆ、コチュジャン、禅食、シリアル、菓子、パン、離乳食、ビール、コーラ、スープ、コーンサラダ、ポップコーンなどの主原料として使われています。韓国でも、稲をはじめとしてじゃがいも、とうがらし、白菜、えごまなど14品目の作物の遺伝子組み換え技術が開発され実験中で、4～5年後には商品化される予定です。

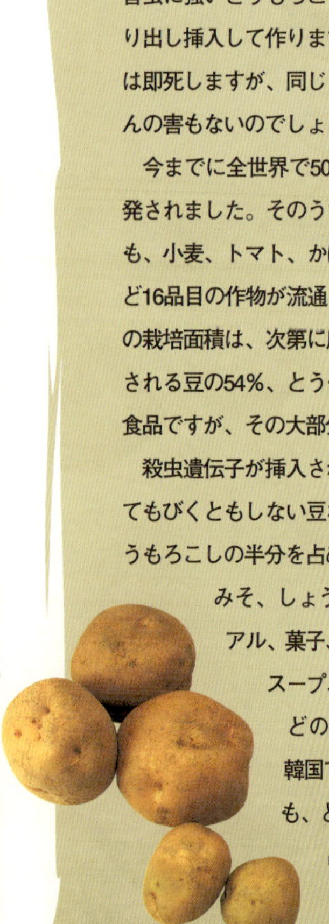

遺伝子組み換え食品を開発する企業の主張とは異なり、遺伝子組み換え食品は人体に安全ではありません。組み換えられた遺伝子の抗生剤は人の体内に入り耐久性を高め、細胞感染による致命的な疾病を起こし得ます。異なる種の遺伝子がお互いに出会い、新しい物質が作られると毒性が生じ、アレルギーを誘発することもあります。実験結果によると、遺伝子が組み換えられたとうもろこしを食べた鶏の死亡率は2倍も高く、ネズミは臓器が縮小しました。

遺伝子組み換え食品は人体に有害なことはもちろん、生態系も破壊します。また、種子と農薬を販売する多国籍企業の利益ばかりをうるおす結果をもたらし、国家間の富める者と貧しき者の二極化現象を深刻にしています。

遺伝子組み換え食品から家族の健康を守ろう

—輸入食品と加工食品は避ける。

—旬の国産有機農産物を購入する。

—肉類と牛乳は、なるべく食べない。

—一般的な食用油よりも玄米油を使う。

遺伝子組み換え原料で作った製品

（カッコ内の%は、全消費量における割合）

①豆（豆消費量全体の50%）

—しょうゆ、みそ、コチュジャン、サムジャン、豆腐、油揚げ、豆もやし、普通の食用油、大豆油、マーガリン、ショートニング、豆の缶詰、豆乳、大豆バター、マヨネーズ、マカロニ、豆粉含有菓子など

②とうもろこし（25%）

—とうもろこし缶詰、コーンスナック、コーン油、シリアル、水あめ、コーンスターチ、とうもろこしパン、ビール、はるさめなど

③トマト（1%）

—ケチャップ、トマトジュース、各種ソースなど

④あぶらな（50%）

—キャノーラ油、サラダドレッシング、マーガリンなど

⑤じゃがいも（10%）

—ポテトスナック、フライドポテト、片栗粉など

⑥綿実綿花（33%）

—食用綿実油（ピーナッツバター、スナック、ツナの缶

詰など）
⑦その他
―離乳食（豆、とうもろこし）、野菜、チーズ（遺伝子組み換え酵素）

こんな食べ物は、ノーサンキュー

漂白小麦粉　白い小麦粉は小麦の外皮をむき漂白したあと、保存期間を延ばすために防腐処理をしますが、この時、栄養素が破壊され有害物質が添加されます。チヂミの粉やてんぷら粉には、たくさんの化学添加物が入っています。白い小麦粉で作ったケーキ、菓子、ハンバーガー、ラーメンのかわりに、精麦していない小麦粉で作った食べ物を利用しましょう。

白いパン　白くてやわらかいパンであればあるほど、たくさんの添加物と加工技術が使われています。精麦していない小麦や雑穀で作ったパンを食べましょう。

コーラ　コーラの成分中、いちばん問題なのは砂糖とリン酸です。砂糖をたくさん摂取すれば、低血糖を誘発します。リン酸は、ミネラルのバランスを壊しカルシウムを溶解するので、子どもたちには特に有害です。コーラのかわりに、水や生のフルーツジュースを飲みましょう。

ポテトチップス　揚げたりチップにしたじゃがいもは、脂肪含有率が40％にもなります。ポテトチップスの多くは、トランス脂肪酸を含む油で揚げられており、体に非常に悪いです。ゆがいたり蒸したじゃがいもの脂肪含有率は、たったの１％であることを忘れないことです。

干物・塩漬け　脂肪摂取が高まり脂肪が酸化して生じる発がん物質が深刻な問題として浮上しました。高度の不飽和脂肪酸を多量に含有している魚を、干したり冷凍保存して食べるのは、自殺行為とかわりません。白身魚より脂の多い背の青い魚は、早く酸化して脂肪酸を生じるので新鮮なものを生で食べるのがよいです。生が高価なら、二度食べるのを一度にしましょう。

パーム油　パーム油は、プリン、インスタントラーメン、菓子など大部分の乳化処理食品に使われる油です。植物性と言われていますが、常温では固体なので飽和脂肪酸の含有量が高く、動物性脂肪に負けないくらい有害です。インスタントラーメンのかわりにうどんを、菓子のかわりに環境にやさしい食べ物を利用しましょう。

オリーブ油　オリーブ油の脂肪酸は不飽和脂肪酸ですが酸化する危険が少なく、がん治療にも効果があることで知られています。しかし、輸入オリーブ油は流通期間が長いので加工過程に疑問があります。それでもオリーブ油を使うなら、白っぽい沈殿物のある色が濃くて'extra vergin' 100％と表記されている圧搾オリーブ油を選ぶといいでしょう。

マーガリン　マーガリンを健康によくない動物性脂肪のかたまりであるバターの代用と考える人もいます。ですが、言葉だけが植物性であって、その加工工程を通して動物性食品に含まれている飽和脂肪酸に変化しています。マーガリンを使うのなら、むしろバターを使いましょう。

しょうゆ・酢　お酒もウイスキーのような蒸留酒よりビール、マッコリのような醸造酒が、体に良いです。同じように酸分解や防腐剤などの添加剤が使われている合成しょうゆ、合成酢より熟成させて作った醸造しょうゆ、醸造酢が、格段に体い良いです。

オレンジ　アメリカ／カリフォルニアの5大農産物中のひとつである輸出用オレンジは、真っ青な状態で落果剤まみれになるなど、船に乗せる前にすでに農薬漬けになっています。収穫後に散布される農薬は栽培中に散布される農薬より、もっと危険です。

豆乳　市販されている豆乳は外皮を取り除いた豆で作られているので豆の栄養分を余すところなく摂取できないばかりか、酸化防止剤などの化学添加物がたくさん入っています。国産の豆を購入して、自分で挽いて豆乳を作ってみましょう。手間はかかりますが、一度味を知れば考えが変わるでしょう。

みっつ

特別なものを

ひさしぶりの家族そろっての食事の日には、
外食もよいけどわが家ならではの一品を作るといいですね。
環境と仲良くを心がけている主婦たちのとっておき料理法を公開します。
有名店にひけをとらない美味しいメニューが満載です。
健康にもよく家計の節約にもなり、一石二鳥です。

心がほっこりする料理に出会いたい

野菜入りおこげスープ

おっ、冷やご飯が立派な中華料理に変身しましたよ！
野菜入りおこげスープひとさじで口の中は香ばしさが、
おなかの中は、ほっかほっか。

4　2人分　30分　春夏秋冬

主材料 ● おこげ（2握り）

副材料 ● にんじん（1/4本）、たまねぎ（1/4個）、えのき（1/2握り）

ヤンニョム ● ごま油（1）、塩（0.2）

1 にんじん1/4本、たまねぎ1/4個、えのき1/2握りは、大きさをそろえて切る。

2 鍋におこげ2握りとごま油1を入れ、炒める。

＊市販のおこげは大部分が輸入米で作られたものなので、できれば家でおこげを作って使うのが望ましいです。家庭では冷やご飯をフライパンに平たく広げて焼き、こんがりとすれば出来上がりです。

3 2に水1カップを注いでふたをし火にかけ、煮えてきたら、にんじんとたまねぎを加える。

＊水のかわりに野菜のエキスを利用するとよいです。

4 材料が十分つかるように水を追加する。最後に、えのきを加えて塩で味をととのえる。

＊おこげがゆるくなりすぎると香ばしさがそこなわれるので、完全にふやけてしまう前に火を止めてください。

すっぱいキムチとごま油のすてきな出会い！

キムチ包みご飯

冬越し用のキムチがすっぱくなって食べられないですって？
そんなキムチが一品料理によみがえります。
キムチと香ばしいごま油がひとつになってホテル料理にもひけをとりません。

5　2人分　1時間　冬

主材料 ● すっぱくなったキムチ（2握り）、ご飯（茶碗2）、せり（1握り）

副材料 ● にんじん（1/4本）、黒ごま（1）

ヤンニョム ● ごま油（1）、塩（0.2）

1 すっぱくなったキムチの葉の部分を切り取り、ヤンニョム（具や調味料）を取り除き、水で洗い流してぎゅっと絞る。フライパンにごま油1をひき、塩で味つけをしながら炒める。

＊葉の部分を切り取って残った軸の部分は細かくきざんでご飯にまぜると、歯ごたえのある味わいになります。

2 せり1握りは軸ごとさっとゆがく。

＊せりをゆがくときは軸からゆっくり入れればまんべんなく火が通ります。

3 にんじん1/ 4 本はみじん切りにしてゆがく。

4 ご飯（茶碗2）に下ごしらえしたにんじんと黒ごま1を加え、よくまぜる。

5 炒めたキムチの葉に、丸めたご飯をのせて包み、ゆでたせりできれいに結ぶ。

まぜてまぜてころころ

トマトと海の幸のライスボール

畑のお姫様トマトと海の王子のシーフードが出会いました。
トマトのさわやかな味とシーフードのすっきりした味わいが調和したグルメ。
お客様のもてなしにもぴったりの一品です。

3　4人分　1時間　夏

主材料● トマト（1/2個）、いいだこ（3ばい）、えび（4尾）、ムール貝（10個）、ご飯（茶碗2）

ヤンニョム● 松の実の粉（3）、黒ごま（1/2カップ）、白ごま（1/2カップ）、塩（0.2）

1 いいだこ3ばい、えび4尾、ムール貝10個はそれぞれ下ごしらえして、ゆがく。

2 1の材料をきれいにみじん切りにする。

3 トマト1/2個はミキサーにかけておく。

4 2と3をご飯にまぜたら、塩0.2で味つけし、丸めてボールをつくる。

＊ボールを転がし、松の実の粉3、黒ごま1/2カップ、白ごま1/2カップをまぶして完成。ごまは好みに応じて量を加減してください。

まる　さんかく　しかく…が、たのしい

焼きおにぎり

子どもたちのおやつには頭が痛くなりませんか？
形もかわいくて、おいしい焼きおにぎりはいかがですか？
こんがり焼けたご飯にしいたけと野菜がまざったさくっとした歯ざわりは
子どもたちも大好きです。

4　2人分　1時間　春夏秋冬

主材料 ● ご飯（茶碗2）、しいたけ（3枚）、にんじん（1/2本）

副材料 ● ピーマン（1個）、黒ごま（2）

ヤンニョム ● 玄米油（3）、ごま油（1）、塩（0.2）

1 しいたけ3枚、にんじん1/2本、ピーマン1個をきれいにみじん切りにして、沸騰した湯でさっとゆがく。

2 口の広いボウルで、ご飯茶碗2と1をまぜ、ごま油1と塩0.2で味をととのえながら冷ます。

＊冷やご飯は電子レンジで3分間温めてからまぜてください。

3 ご飯を固く握りながら形をととのえる。

＊三角形や丸は寿司枠を利用すると簡単です。

4 フライパンに玄米油1をひき、こんがりと焼く。

＊黒ごまをふりかけて飾ってください。

家族みんなが幸せになる

野菜スパゲッティ

野菜スパゲッティは肉やクリームを入れないので、
脂肪とカロリーを大幅におさえてくれるダイエット料理です。
淡白ながら酸味があり子どもたちの口にもよくあいます。

4 2人分 1時間 春夏秋冬

主材料 ● スパゲッティ（2握り）、マッシュルーム（5本）、たまねぎ（1/2個）、にんじん（1/4本）

ヤンニョム ● バター（2）、塩（0.2）、トマトケチャップ（3）、米の水あめ（1）、チーズ（手のひらサイズ2枚）

1 スパゲッティ2握りは沸騰した湯で包材の指示通りゆでたら、冷水にとってすすぎ、水気を切る。

2 マッシュルーム5本、たまねぎ1/2個、にんじん1/4本を小さく切り、バター1を加え、塩0.2で味をととのえながら、フライパンで炒める。

3 2にトマトケチャップ3を加え、少し煮詰めてから米の水あめ1を入れる。

4 3を炒めたら、1でゆでておいた麺を加える。

＊お皿に盛りつけ細かくきざんだチーズをふりかけ、電子レンジで1分間加熱します。

思い出とロマンの味

菜食ジャージャー麺

菜食ジャージャー麺は、お肉を使っていないので脂っこくありません。
豆ハムと野菜で作るので、さっぱり味です。
ジャージャー麺をご注文のかた～、体に良い菜食ジャージャー麺ですよ！

5 2人分 1時間 春夏秋冬

主材料 ● 中華麺（2握り）、じゃがいも（1/2個）、にんじん（1/3本）、エホバッ（韓国かぼちゃ。ズッキーニで代用してもよい・1/3個）、豆ハム（大豆から作った植物性のハム・1握り）、たまねぎ（1/2個）

ヤンニョム ● テンメンジャン（2）、みそ（1）、清酒（1）、米の水あめ（1）、片栗粉（2）、塩（0.2）、玄米油（2）、ごま油（1）、水（1カップ）

1 じゃがいも1/2個、にんじん1/3本、エホバッ1/3個、豆ハム1握り、たまねぎ1/2個を角切りにする。

2 フライパンに玄米油1をひき、じゃがいも、にんじん、エホバッ、豆ハム、たまねぎを炒めたら、少量の水を加え煮る。

3 2に、テンメンジャン2、みそ1、清酒1を加え、しばらく炒める。

4 3へ、米の水あめ1とごま油1を加えてから、片栗粉2を水1カップでといたものを少しずつまぜながら、どろどろにする。

5 中華麺2握りをゆで、引きあげておく。器に盛り、4を麺の上にかければ出来上がり。

さわやかな気分になりたいときは

じゃがいもと豆もやしのすいとん

さっぱり味なのに、こくもあるものが食べたくなるときがありますよね？
さっぱりとした豆もやしのスープにキムチが加わって出るこくは最高です。
小麦粉だけでは不足する栄養素を、ひらたけと豆もやしが補充してくれます。

4　2人分　1時間　春夏秋冬

主材料 ● ひらたけ（1/2握り）、じゃがいも（1/2個）、豆もやし（1/2握り）、小麦粉（1カップ）

副材料 ● キムチ（1/2握り）、煮干し（1/3握り）

ヤンニョム ● 長ねぎ（1本）、塩（0.2）

1 ひらたけ1/2握りは洗って切り、豆もやし1/2握りはひげをとり下ごしらえしておく。

2 キムチ1/2握りはざくざく、ねぎは斜め切りにし、じゃがいもは薄く切っておく。

3 小麦粉1カップに塩を少し加え、水1/2カップを少しずつ加えながら練る。

＊生地は、長く練るほど弾力が出ます。

4 鍋に水4カップと煮干し1/3握りを入れ煮立て、切っておいたキムチと豆もやし、じゃがいもを加えたら、ふたをしてさらに煮る。じゃがいもが煮えたら練っておいた生地を適当な大きさにちぎって入れる。

＊生地は水の中でちぎると、より弾力が出ます。
＊最後に長ねぎを加え、ひと煮立ちさせる際に、塩かげんをととのえてください。

材料の力

豆もやしは豆のすぐれた栄養価に芽と茎が育つビタミンCが加わった最高の健康食品です。季節に関係なく、簡単に手に入れることができ、味も良く、「薬局の甘草（欠かすことのできないもののことをいう）」のようにいろいろな料理に使えます。黒い点があったり、頭の部分がぶよぶよしているものは新鮮ではありません。

弾力とさっぱり感の幻想的な相性！

かぼちゃときのこの酢豚

しいたけの弾力と、かぼちゃの淡白さが生みだす幻想的な味。
お肉よりはるかに体に良い材料で作る特別料理。
豚肉の酢豚より体に負担が少なく、家族みんなが満足できます。

5　2人分　1時間　秋

主材料 ● かぼちゃ（1握り）、しいたけ（5枚）、エリンギ（1本）

副材料 ● 青ピーマン（1個）、赤ピーマン（1個）、きゅうり（1本）、なす（1本）、りんご（1/2個）、小麦粉（1/2カップ）、片栗粉（2）

ヤンニョム ● しょうゆ（1）、米の水あめ（1）、酢（3）、塩（0.2）、玄米油（2カップ）

1 かぼちゃ1握りは皮をむき、種を取りのぞいたら、一口大に切る。しいたけ5枚とエリンギ1本も一口大に切る。

2 青ピーマン1個、赤ピーマン1個、きゅうり1本、なす1個、りんご1/2個も一口大に切る。

3 かぼちゃ、しいたけ、エリンギ、なすは小麦粉で衣をつけて、さっと揚げる。

4 鍋ににんじん、きゅうり、りんご、ピーマン、しょうゆ1、米の水あめ3、酢1を入れ、煮る。水1/2カップに片栗粉2をといたものでとろみをつける。

＊3を器にうつし、4をかけて完成です。

冷蔵庫はすっきり　家族のお腹はいっぱい

野菜の肉巻き

冷蔵庫になにが入っているかご存知ですか？

長いあいだねむっていた材料を使って絶品を作ってみましょう。

豚肉、牛肉、鶏肉、どんな材料でもOKです。

4　2人分　1時間　春夏秋冬

主材料● たまねぎ（1個）、細ねぎ（1/2握り）、にんじん（1/2本）、えごまの葉（10枚）、キャベツ（1/4個）、とうがらし（3本）、ピーマン（1/2個）、豆ハム（または豚肉1かたまり）

ヤンニョム● 塩（0.2）、小麦粉（1/2カップ）、しょうゆ（0.2）、酢、こしょう

1 たまねぎ1/2個、にんじん1/2本、えごまの葉10枚、キャベツ1/4個、とうがらし3本、ピーマン1/2個は細切りにし、豆ハムは薄く切ったあと、塩・こしょうする。

＊冷蔵庫にある残り野菜なら、なんでもOKです。

2 切った豆ハムの上に、細切りにした野菜をきれいに並べくるくるまく。ハムが破れないようにさっと、ゆでた細ねぎで結ぶ。

3 熱したフライパンにハムを並べて焼く。

＊からしソースを添えると、よりいっそう美味しくなります。

おうちで楽しむ異国の味

生野菜のライスペーパー巻き

忙しい日常から抜け出して、異国情緒にひたってみませんか？
ライスペーパーを用意したら、ソースと野菜何種類かで
東南アジアの味と雰囲気が食卓に広がります。

4　2人分　1時間　秋

主材料● ライスペーパー（4枚）、栗かぼちゃ（1/2個）、梨（1/4個）、青ピーマン（1/2個）、赤ピーマン（1/2個）

ヤンニョム● レモン汁（0.2）、梅エキス（0.2）、はちみつ（0.2）、梨のしぼり汁（1）、濃い口しょうゆ（0.2）、からし（0.2）

1 栗かぼちゃ1/2個と梨1/4個の皮をむき千切りにする。

＊栗かぼちゃのちょっと固い歯ざわりがいやな場合は、煮てから使ってください。

2 青ピーマン1/2個、赤ピーマン1/2個は、へたと種を取りのぞいたあと、千切りにする。

3 ライスペーパーを1枚ずつお湯にそっとくぐらせ、やわらかくもどす。

4 1と2の材料の長さをそろえ、3の上にのせ、耳（両端）を巻きこみながら包む。

＊レモン汁0.2、梅エキス0.2、はちみつ0.2、梨のしぼり汁1、濃い口しょうゆ0.2、からし0.2でソースを作り、添える。

疲れた目のための健康食

パプリカのソテー

読書やコンピューターで、
目が疲れた家族のための健康料理。
甘さの中のさくっとした歯ざわりと
やわらかい中身がひとつになった一品です。

4　2人分　1時間　春夏秋冬

主材料 ● パプリカ（2個）、豚肉（1/2握り）、牛肉（1/2握り）、みじん切りにしたたまねぎ（5）

ヤンニョム ● 塩（0.2）、こしょう（0.2）、バター（0.5）、片栗粉（2）

1 パプリカ2個はへただけをそっと押して取り、中の種を取りのぞいたあと、ふいておく。

＊へたは中に向けて押すときれいに取れます。

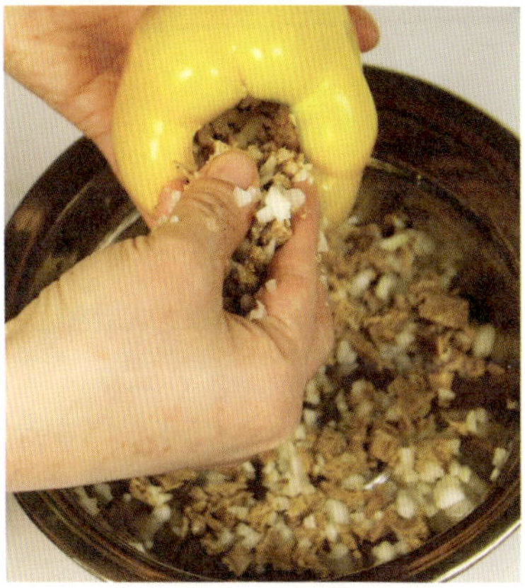

2 みじん切りにしたたまねぎ5、豚肉1/2握り、牛肉1/2握りに塩0.2、こしょう0.2をよくもみこんで味をととのえたらパプリカの中にぎゅっと詰める。

3 鍋にパプリカがかぶるくらいの水を入れゆがいたあと、パプリカを取り出す。

4 パプリカを半分に切り、バターをひいたフライパンでさっと焼く。

5 パプリカを煮た水に片栗粉2を少しずつ入れとろとろにして、ソースにする。

＊サラダを添えるといいです。

材料の力

パプリカはトウガラシ科に属する甘とうがらし種で、韓国では「着色甘とうがらし」と言います。国によってスイートペッパー、ベルペッパー、ピメント、パプリカなど、いろいろな呼び方があります。韓国では、ピメントが日本を経由しピーマンとして入ってきたので、ピーマンと呼ぶようになりました。ビタミンAとCが多く、疲労回復に効きます。とくに読書やコンピューターなどで目を酷使している人に良いそうです。

絶妙な味の共演

えごまの葉とどんぐりのムッの和えもの

なめらかだけどわずかな渋みのあるどんぐりのムッ。

香ばしく深い香りのえごまの葉。

このふたつがどんな味になるのでしょうか？

おもむきの異なるふたつの材料が出会い、新しい味が誕生しました。

5　2人分　30分　夏

主材料 ● どんぐりのムッ（1/2丁）、えごまの葉（4枚）

副材料 ● とうがらし（3本）、ねぎ（1本）、にんじん（1/4本）

ヤンニョム ● 粉とうがらし（1）、濃い口しょうゆ（0.2）、にんにく（0.2）、ごま塩（0.2）、ごま油（0.2）

1 どんぐりのムッ1/2丁を食べやすい大きさに切る。

2 えごまの葉4枚、とうがらし3本、ねぎ1本、にんじん1/4本もきれいに下ごしらえをして千切りにする。

＊えごまの葉は、全部重ねて半分に折ってから切ると、きれいに切れます。

3 どんぐりのムッとえごまの葉をよくまぜあわせる。

4 3に、にんじん、とうがらし、ねぎを入れる。次に、粉とうがらし、濃い口しょうゆ、にんにくを少しずつ加えながら、まぜていく。最後にごま塩0.2とごま油0.2で和えて、皿に盛りつける。

材料の力

どんぐりのムッのカロリーは、100gあたり43kcalにしかならず、肥満や糖尿病に効果があるほか、解毒作用もあります。えごまの葉は、火を通さず生で食するので、ビタミンCのような栄養素の損失が少ないそうです。

味もばつぐん、健康もばっちり

じゃがいもと豆腐のチャントッ

チャントッは、韓国固有の発酵食品テンジャン（みそ）と
コチュジャン（とうがらしみそ）の栄養分をたっぷり含んだ料理です。
胃腸に良いじゃがいもとやわらかい豆腐で
チャントッを作ったら、今日のメインはこれで決まりでしょ。

（チャントッ＝コチュジャンやみそで生地に味つけしたお焼き）

5　2人分　30分　夏

主材料 ● じゃがいも（2個）、豆腐（1丁）、小麦粉（1カップ）

ヤンニョム ● みじん切りにしたねぎ（1）、テンジャン（1）、コチュジャン（1）、玄米油（2）、ごま油（0.2）

1 じゃがいも2個は皮をむき細かく切り、みじん切りのねぎ1も準備する。

＊じゃがいもは、おろしがねですりおろしてもよいです。

2 豆腐1丁を麻のふきんにつつんでつぶす。

3 じゃがいも、みじん切りにしたねぎ、豆腐、コチュジャン1、テンジャン1、小麦粉1カップ、ごま油0.2をまぜあわせ、こねる。

4 フライパンに玄米油0.5をひき、丸く形をととのえた生地を焼く。

材料の力

じゃがいもはほかの食品に比べて、ビタミンB_1、B_2、Cが豊富です。とくに、じゃがいものビタミンCは、ほかの食品のように調理しても破壊されずに煮たり、蒸したりしたあとも、相当量が残っています。ただし、火を通したじゃがいもは血糖指数が高くなるので、糖尿病患者のかたは控えてください。

やわらかな豆腐とピリッとしたキムチの出会い

キムチと豆腐のチャントッ

見かけはキムチのヂョンと似ていますが、まったくちがった味わいです。
キムチのちょっとすっぱい感じと豆腐が出会い、
なめらかでやわらかな食感です。
お弁当のおかずや作りおきの惣菜としてぴったりです。

4　2人分　30分　春夏秋冬

主材料 ● キムチ（1握り）、豆腐（1/2丁）、小麦粉（1カップ）

ヤンニョム ● ごま油（0.2）、みそ（1）、コチュジャン（1）、ごま塩（0.2）、玄米油（1）

1 水気を切ってつぶした豆腐1/2丁にみそ1とコチュジャン1をまぜ、裏ごしする。

2 みじん切りにしたキムチを炒めたあと、1とまぜあわせたら、小麦粉1カップを少しずつ入れてこね、生地を作る。

3 生地を丸く平たい形にする。

4 フライパンを熱し玄米油1を十分にひき、3を中火で焦げめがつくまで焼く。

材料の力

豆腐は、たんぱく質含有量が牛乳や卵の90％に達し、肉類やチーズの代用食として遜色がありません。コレステロールと飽和脂肪酸はほとんどなく、完璧な健康食品として脚光を浴びています。

幼い頃のノスタルジーを召しあがれ

よもぎご飯のヂョン

幼いころの郷愁がたっぷりつまったよもぎもち。
弾力がありながら香ばしいその味。
よもぎは香りが独特なので、ナムルにするより、おもちにしたり、
ご飯とまぜて調理すると食べやすいですよ。

4　2人分　1時間　春

主材料 ● 米（1カップ）、よもぎ（1握り）、しいたけ（1枚）、にんじん（1/2本）、もち米粉（1/2カップ）

ヤンニョム ● ごま（0.5）、塩（0.2）、玄米油（3）

1 米1カップをよくとぐ。

2 しいたけ1枚とにんじん1/2本をみじん切りにする。

3 といでおいた米、もち米粉1/2カップ、切っておいたよもぎ、みじん切りにしたしいたけをいっしょに入れ、ご飯を炊く。

＊よもぎから出る水分を考慮して、水かげんを少し少なめにしてください。

4 ご飯がほどよく炊けたら、みじん切りにしておいたにんじんとごま0.5をふりかけ、塩0.2で味をととのえて、均等にまぜる。

5 フライパンに玄米油1をひき、ご飯を丸くまるめて焼く。

材料の力

よもぎの独特な香りはシオネールという精油成分のためです。カルシウム、リン、鉄分などミネラルが豊富で、ビタミンA、C、B_1、B_2、B_6も含まれており、疾病抵抗力を高めると言われています。よもぎは、体をあたため血液の流れを良くする効能があり、女性にとくに良いそうです。腰痛、生理痛、産後の下血があるときなどに、干したよもぎの葉を煎じて継続して飲むと効果があります。

雨の降る日に思い出す

れんこんとにらのヂョン

雨の降る日はプチムゲを食べる日。
しっとりとした雨の音とほのかなれんこんの香り、
舌の先に触れるやわらかなにら…
晩酌の1杯も添えれば、錦上添花――言うことなし！

（プチムゲ＝日本で言うチヂミのこと）

5　2人分　30分　冬

主材料 ● れんこん（1節）、にら（1/2握り）、にんじん（1/2本）、たまねぎ（1/2個）、ひらたけ（2本）

ヤンニョム ● 小麦粉（1/2カップ）、玄米油（3）、ごま（1）、塩（1）

材料の力

中国の宋時代に、ある大藍（役職名）宅の料理人がソンジクッ（牛の血を入れて作るスープ）を作っていたとき、うっかりれんこんが入ってしまったのですが、いくら煮てもスープが固まらなかったそうです。その後、れんこんは血が固まらないようにし、汚れを取る効能があるとわかりました。にらは体をあたため、血をきれいにする成分があるそうです。

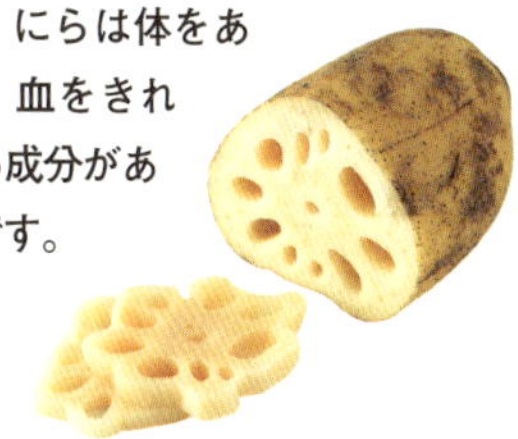

1 れんこん1節、にんじん1/2本、たまねぎ1/2個、ひらたけ2本、ごま1を、水1カップといっしょにミキサーにかけ、小麦粉を加え、ややかための生地を作る。

2 1に細かく切ったにら1/2握りを加え、味をととのえ、かきまぜる。

3 フライパンに玄米油をひき、少しずつスプーンですくってヂョンを焼く。

豆がこんなに変身するなんて

豆のヂョン

豆スープを作ったあとのおからがおいしい料理に変身しました。
豆のヂョンは油をひいて焼くので、
おからに含まれている鉄分の吸収率を高めてくれるそうです。

4　2人分　30分　春夏秋冬

主材料 ● おから（2カップ）、小麦粉（3）

副材料 ● たまねぎ（1/2個）、赤とうがらし（1本）

ヤンニョム ● 塩（0.2）、玄米油（3）

1 豆乳もしくは豆腐を作ったあとに残ったおから、またはミキサーにかけた大豆2カップを用意する。

2 赤とうがらし1本、たまねぎ1/2個は、細かくきざんでおく。

3 1と2をまぜ、小麦粉3と塩0.2を入れたあと、水を少しずつそそいでどろどろにする。

4 フライパンに玄米油1をひいて熱し、3をひとさじずつすくって焼く。

冷蔵庫の整理整頓大作戦

野菜のよせあつめ焼き

野菜エキス、または煮干しエキスを作って残った材料などを集めてください。
冷蔵庫や冷凍室に残っているものも全部出してみてください。
さあ、こうして集まった材料で格別な一品を作ってみましょう。
材料によってそれぞれの味わいがあり、それもまた格別です。

4　2人分　30分　春夏秋冬

主材料 ● しいたけ（3枚）、こんぶ（手のひらサイズ1枚）、煮干し（1/4握り）、えごまの葉（3枚）、小麦粉（1カップ）

副材料 ● 大根（1/4本）、たまねぎ（1個）、にんじん（1/4本）、とうがらし（1本）、じゃがいも（1/2個）

ヤンニョム ● 塩（0.2）

1 大根1/4本、たまねぎ1個、しいたけ3枚、こんぶ手のひらサイズ1枚、煮干し1/4握りの順に少しずつミキサーに入れる。

2 えごまの葉3枚はきれいに洗い、四角に切り、にんじん1/4本ととうがらし1本はみじん切り、じゃがいも1/2個はすりおろす。

3 材料をすべてまぜ、小麦粉1カップを加え、ややかためにこねたあと塩0.2で味をととのえる。

＊このとき、冷ご飯を入れてもOK。

4 フライパンに油をひき、ひとさじずつすくって、こんがりと焼く。

おっ、こんな料理もあったのか！

さつまいもとじゃがいもの餃子

家族があっと驚くちょっと目新しい料理をお望みですか？
それなら、さつまいもとじゃがいも、野菜で餃子の具を作ってみては。
一口食べれば、甘い香りが口のなかいっぱいに広がりますよ。

4　2人分　1時間　春夏秋冬

主材料 ● さつまいも（1本）、じゃがいも（1個）、餃子の皮（10枚）

副材料 ● はるさめ（1/2握り）、もやし（1/2握り）、ピーマン（1/2個）、たまねぎ（1/4個）、にんじん（1/4本）、えごまの葉（4枚）

ヤンニョム ● 塩（0.2）、米の水あめ（0.2）、玄米油（5）

1 はるさめ1/2握り、もやしは、ゆでて小さく切り、ピーマン1/2個、たまねぎ1/4個、にんじん1/4本はきざみ、いっしょに炒める。

＊えごまの葉はきれいに洗って、餃子の皮より少し小さめに切っておく。

2 さつまいも1本、じゃがいも1個をゆでてつぶしたあと、1とまぜ、米の水あめ0.2、塩0.2で味をととのえる。

3 餃子の皮にえごまの葉をしき、2をひとさじ分のせてきれいにつつむ。

4 フライパンに玄米油1をひき、焼く。

材料の力

さつまいもは植物性繊維質が多く生活習慣病予防に効果があります。便秘予防とカルシウム摂取にも有効です。

冷ご飯の華麗なお出まし

冷ご飯の変身餃子

家族みんなで作る料理は、特別においしいですよね？
ひさしぶりに和気あいあいと楽しいおしゃべりをしながら、
冷ご飯で作るとっておきの味…
むつまじい家庭を作る料理の力！

5　2人分　1時間　春夏秋冬

主材料 ● 冷ご飯（茶碗2）、餃子の皮（20枚）、豆腐（1/2丁）、しいたけ（3枚）、もやし（1握り）、古漬けのキムチ（1/2株）

ヤンニョム ● みじん切りにしたねぎ（2）、みじん切りにしたにんにく（1）、ごま油（1）、こしょう（0.2）、塩（0.2）

1 もやし1握りはゆでて切っておく。古漬けのキムチ1/2株は、芯を取りのぞいてきざみ、水気を切っておく。

2 冷ご飯茶碗2杯分と豆腐1/2丁はいっしょにつぶす。しいたけ3枚はきれいに切り、きざんだねぎ2とにんにく1、ごま油1、こしょう0.2、塩0.2で味つけする。

3 1と2をまぜる。

4 餃子の皮の中に材料をつつんで、形をととのえる。

5 蒸気が上がった蒸し器に布を敷き、餃子を並べ入れて12〜15分蒸す。

食卓になんで信号が？

だんだら3色花餅

3　2人分　1時間　春夏秋冬

赤はビート、緑はほうれん草、黄色はかぼちゃ、
きれいでおいしそうな3色花餅の誕生です。
天然の材料で作るのでよりおいしいですよ。

主材料 ● もち米粉（1カップ）、ビート（1/3個）、ほうれん草（1握り）、栗かぼちゃ（1/2個）

副材料 ● なつめ（5個）、春菊（1/4握り）

ヤンニョム ● 塩(0.2)、米の水あめ(0.2)、玄米油（3）

1

3

1 ビート1/3個、ほうれん草1握り、栗かぼちゃ1/2個を蒸したあと、裏ごしし、それぞれの汁をしぼり塩少々を加え、弱火で沸かす。

＊緑色はほうれん草のかわりに緑茶の粉末も使えます。

2 沸かしておいたそれぞれのしぼり汁3さじに、もち米粉1/3カップずつを加え平たい円形にまるめる。あまりかたいようなら水を少しずつ足し、ほどよくする。

3 フライパンに油をひき、中火で焼いたあと、なつめ、春菊などでかざる。

＊はちみつやシロップを上に塗ると、味も良く、見た目もきれいです。

香り高く歯ごたえのある味にノックアウト

もちと大豆のすいとん

手軽でおいしいすいとん。
特別な材料がなくてもさっと作ることができます。

4　2人分　30分　春夏秋冬

主材料 ● 大豆（2握り）、もち（トッポッキなどに使う棒もち。2握り）

ヤンニョム ● ピーナッツ（1）、松の実（0.5）、塩（0.2）

2

3

1 大豆2握りを洗ってゆがき、ピーナッツ1、水2カップといっしょにミキサーにかけてから裏ごしして、大豆のスープを作る。

2 鍋で大豆スープを沸かす。

3 大豆スープが沸いてきたら、もちを入れ、一煮立ちさせ、塩0.2で味をととのえる。

＊器に盛ったあと、松の実を散らすと、より食欲がわきます。

おばあちゃんがなつかしい味

あずきうどん

おばあちゃんの家が恋しくなる料理があります。
おばあちゃんの愛がつまったその味。
甘いあずきうどんと一緒に思い出が次々。
あずきは熱を下げる効能があるので、夏に食べると良いそうです。

4　2人分　1時間　夏

主材料● あずき（2カップ）、うどん（2握り）

ヤンニョム● 塩（1）

1 あずき2カップを湯にひたし、一晩おいてやわらかくする。

2 鍋にあずきがひたひたになるくらいの水を入れ、中火であずきがやわらかくなるまで煮る。

＊圧力鍋を利用すると簡単です。

3 煮たあずきをつぶして2カップほど水を注ぎ、塩1で味をととのえ火にかける。

＊あずきは皮ごと食べてこそ栄養の損失が少ないのです。
たまに、早くゆであげようとソーダ（重曹）を入れる人がいますが、そうするとビタミンB_1が破壊されるので、時間がかかってもそのままゆでるほうが賢明です。

4 うどんをゆで、ざるにあげておく。

＊カルクッス（韓国うどん）の麺を使うとよりおいしいですよ。
＊お好みにあわせて塩と米で作った水あめで味をととのえて召し上がってください。

材料の力

あずきはビタミンA、ビタミンB_2、カルシウム、リン、鉄、繊維質などが多く含有されています。とくに穀類にはまれな、体内の疲労物質を排出させるビタミンB_1が多く、利尿、疲労回復、便秘解消に、効果があります。あずきのサポニンとコリン成分は抗がん作用もあるそうです。しかし、食べすぎは下痢になるおそれもあるので、適量を召し上がってください。

暑さよ飛んでいけ

氷が浮かぶコングッス（豆乳の冷製そうめん）

豆乳が体に良いのはみなさんご存知ですよね？
コングッスは夏の養生食として肉類にひけをとりません。
さっぱりとしていながらも風味のある味が、暑さを追いはらってくれます。

（コン＝大豆、クッス＝そうめん）

4　2人分　1時間　夏

主材料 ● 大豆（1カップ）、黒豆（1カップ）、そうめん（2握り）

副材料 ● 松の実（1）、炒りごま（1）、くるみ（1）、昆布（手のひらサイズ1枚）、緑茶粉末（1）、きゅうり（1/3本）、ミニトマト（2個）

ヤンニョム ● 塩（1）

1 煮ておいた大豆1カップと黒豆1カップ、炒りごま1、くるみ1に昆布手のひらサイズ1枚を浸しておいた水をそそぎミキサーにかけたあと、塩1で味をととのえる。

＊だしをとったあとの昆布は、細切りにして召し上がれ。

2 1をざるでこす。

3 きゅうり1/3本は細切りにし、ミニトマト2個は半分に切る。

4 そうめん2握りはゆでて水にさらし、適当な大きさに巻いてざるにあげる。器に水気を切ったそうめんを盛り、3をのせ、その上から2を静かにかける。

疲労よグッバイ、健康よウェルカム

黒豆とたまねぎのスープ

スープだからと甘く見ないでください。
どんぶり一杯食べれば、元気もりもりです。
香ばしい豆の味としゃきっとしたたまねぎの味わいに思わず、のどがごくり。
深い香ばしさと甘みを味わえます。

4　2人分　1時間　春夏秋冬

主材料 ● 黒豆（2握り）、たまねぎ（1/2個）

ヤンニョム ● 塩（0.2）

1 黒豆2握りをきれいに洗って、悪いものを取りのぞき20分ほど水に浸す。

2 鍋に水3カップと下ごしらえした豆を入れ、強火で煮る。煮えてきたら1〜2分後に火を止め、しばらくおく。

3 ゆでた豆を水2カップといっしょにミキサーに入れ、塩0.2を加えてなめらかにする。

4 3を鍋にそそぎ入れ火にかけ、たまねぎ1/2個を切って加え、もう一度煮立てながら塩で味をととのえる。

材料の力

生のたまねぎを3分間かむと口の中の細菌がいなくなるほど、抗菌作用にすぐれているそうです。たまねぎのアリシンとフラボノイド成分は、大腸の有害な菌を撲滅してくれます。インスリン分泌を促進するので、糖尿病患者さんにも良いそうです。

アメリカ大統領だったルーズベルトは、かぜをひくとたまねぎを煮たり焼いたりして食べたと言われています。

たまねぎは、生と調理したものとでの栄養の差がほとんどないので、お好きな方法でお召し上がりください。

食べやすくて作るのも簡単

じゃがいもと野菜のスープ

忙しい朝のためのおすすめ料理。味も良く、栄養も満点！

赤ちゃんの離乳食、遅くまで勉強する学生の夜食にも絶対おすすめ。

4　2人分　1時間　春夏秋冬

主材料 ● じゃがいも（1個）、キャベツ（1枚）、水（1カップ）

副材料 ● にんじん（1/4本）、ブロッコリー（1/2握り）

ヤンニョム ● 塩（0.2）

1 じゃがいも1個とキャベツ1枚は下ごしらえしてから蒸す。

2 蒸したじゃがいも、キャベツ、細かく切ったにんじん、ブロッコリーを水1カップといっしょにミキサーに入れる。

3 2を塩0.2で味をととのえ、なめらかにする。

4 3を鍋に入れ中火にかけ、水1カップを少しずつそそぎ入れかきまぜる。

材料の力

じゃがいもは消化を助け、にんじんとブロッコリーは疲労回復と、かぜ予防に有効です。

胸焼けにさようなら

お酒を飲んだらキムチのお粥

4　2人分　1時間　春夏秋冬

主材料 ● 冷ご飯（茶碗1）、キムチ（1/2株）

副材料 ● 煮干しのだし（2カップ）

ヤンニョム ● ごま油（1）、塩（0.2）

冷ご飯とキムチさえあれば一丁あがりっ！
ご飯をごま油で炒めるので、
より深い味わいがおなかの底までじわーっ。

1 キムチ1/2株は食べやすい大きさに切り、鍋に入れる。

2 1に冷ご飯茶碗1を加え、中火にし、ごま油1で炒める。

3 2に煮干しのだしをそそぐ。

＊ぐつぐつしてきたら、塩で味をととのえてください。キムチの味が濃い場合は、塩を入れなくても大丈夫です。

心まで癒される味

あおい粥

おみその香ばしい味とやわらかなあおいがまじりあい、
ごくごく、するする、のどごしはばつぐんです。

4 2人分 1時間 夏

主材料 ● あおい（1握り）、ご飯（茶碗1/2）、水（4カップ）

ヤンニョム ● みそ（0.5）

1 ご飯茶碗1/2杯を、水2カップで煮る。

＊干しえびと昆布でとっただしを入れると、一段と味が良くなります。

2 あおい1握りとみそ0.5を1に加え、水2カップをそそぎ煮ながらかきまぜる。

＊お好みで、煮干しを少し加えたり、しいたけ、ねぎ、キャベツなど季節の野菜を入れてもおいしいです。

親 環境と仲良くするための手引き…

菜食主義者が気になる

東洋では「菜食主義」は「清らかな食べ物を食す」という意味を持っています。英語で菜食主義を意味する「ベジタリアニズム（vegetarianism）」は、「完全な」「全体の」「健全な」「健康な」を意味するラテン語「ベゲトゥス（vegetus）」に由来すると言われています。菜食主義者は、動物愛護と環境保護、健康、宗教的理由、そして自由と平和のために菜食主義を選択、実践しています。それぞれの選択動機により、菜食主義の範囲も多様です。

フルータリアン（Fruitarian）

植物にも命があると考え、野菜も生長の源となる根や葉の部分は食さずに、実だけを食べるよう徹底している菜食主義者、あるいは果実主義者。

ビーガン（Vegan）

動物から得られるすべてのものを排斥する完全な菜食主義者。肉と乳製品、卵はもちろんのこと、はちみつも口にしない。動物の毛皮で作った衣服や靴も拒否する。

ラクトオボ・ベジタリアン（Lacto-ovo vegetarian）

乳製品と卵は食べる菜食主義者。菜食主義のなかでももっとも多い部類である。卵は食べ、乳製品は食べないオボベジタリアン（Ovo vegetarian）と、乳製品は食べ、卵は食べないラクトベジタリアン（Lacto vegetarian）とに分けられる。

ペスコ・ベジタリアン（Pesco-vegetarian）

肉類を避け、魚介類を摂取する人たち。

ポゥヨゥ・ベジタリアン（Pollo-vegetarian）

鶏肉は食べる菜食主義者。

セミ・ベジタリアン（Semi-vegetarian）

できるだけ、肉や乳製品を避けようとする人たち。

菜食主義者の種類は多様ですが、生命を愛し生命に害を及ぼさないという健康な精神を実践しようと努力している人々すべてが、菜食主義者であると言えるでしょう。

環境にやさしい洗濯の方法

洗濯とすすぎは分けてしよう

夜は洗濯だけして、朝すすぎと脱水を。汚れをふやかす時間が長くなり、洗剤が少しですみます。

油汚れは大根の汁、または切った大根でたたく

油、牛乳、卵など脂肪分が多い食品のしみは、大根を切ってたたくか、こすると消えます。

時間がたったしみは、ほうれん草のゆで汁で

シャツのえり、袖の古くなった汚れ、口紅のあとは、ほうれん草のゆで汁につけておいてからもみ落とします。

うどんのゆで汁の再利用

うどんのゆで汁で衣服をすすぐと、糊づけの効果があります。

化学物質が添加されていない天然洗剤を使おう

粉せっけんは香料の添加されていないものを使いましょう。汚染を引き起こさない天然洗剤は、有機農産物販売店で購入することができ、価格もそれほど高価ではありません。

石油系柔軟剤は初めから使わない

石油系柔軟剤には、ベンジルアセテート、リモネン、カンフルなどの発がん物質が入っています。

ベンジルアルコール、エチルアセテート、リナロール、アルファテルピネオールなどは、皮膚の炎症を引き起こします。石油系柔軟剤のかわりに、軟水器を使ったり、ベーキングソーダ1/4カップ、または食酢1カップを最後のすすぎのときに加えましょう。

洗剤を買うときは、界面活性剤の含有率を確認しよう

界面活性剤は、河川の富栄養化を引き起こす主犯です。

水で洗濯できる天然繊維衣料を買おう

天然繊維衣料は、静電気も起こりにくく、健康にも良いです。特に原材料がポリエステルの衣服は避けましょう。ポリエステルの原料であるエチレングリコールは、室温では徐々に、加熱すると非常に早く蒸熱します。エチレングリコールは動物実験の結果、白血病、胃がん、脳腫瘍と関連があり、乳がん、遺伝子損傷、先天的欠損症を引き起こす成分が含有されています。

新しい衣服は一度洗ってから着る

新しい服は、陳列するときかっこよく見せるために糊づけされています。染色や後処理、加工過程で使われている化学薬品のかすも残っています。りんご酢を少量入れて洗濯すれば、皮膚へ害を及ぼす物質

を除去することができます。

ドライクリーニングをした服は、においが飛ぶようにに外にかけておく

ドライクリーニング溶剤に含まれている化学物質は、再生不良性貧血と白血病の原因になります。記憶力の弱化、消化不良などを引き起こすとも言われています。ドライクリーニングした衣服は、ビニールカバーをはずして、風通しがよいところにかけて、溶剤を十分に蒸発させてからタンスにしまいましょう。

スローフードが世界を変える

スローフード（Slow food）は、ファストフード（Fast food）に異を唱えるところから生まれた言葉で、スローフード運動はファストフードに反対する運動です。この運動は、1986年、アメリカの代表的なファストフード社であるマクドナルドが、イタリアのローマに進出した際、現スローフード運動会長であるカルロスと、彼の友人らが味を標準化し伝統食を消滅させるファストフードに対抗するために始めました。彼らは、味覚の楽しみ、伝統食の保存などを旗印に掲げました。現在は40余カ国7万余名の会員を擁する世界的運動に発展しています。

知ってみると、韓国料理ほどスローフード（Slow food）に適合している食もありません。ゆっくり調理し、ゆっくり食べ、料理に込められた味を十分に楽しむのが韓国伝統食の特徴ですから。

わずか何十年前までは、われわれの食卓にのぼる料理は、すべてスローフードでした。1年をかけて育てた大豆の麹を寝かせ、みそ、しょうゆ、コチュジャンを仕込んだあと、良い風と良い微生物で十分に発酵させた生きたジャン（醤；みそ、しょうゆなどの総称）を作り、長く食べてきました。ナムルもチゲも、このジャンをヤンニョムにして食べます。

また、常備食として、まくわうり、きゅうり、とうがらし、えごまの葉など季節の野菜を漬けチャンアチにして食べます。そのほかにも、山菜や野菜を日干しにして乾燥させて食べます。海岸地域ではえびの塩辛をはじめとする各種の塩辛を漬けて1年に備え、秋になればどこの家庭でも冬に備えてのキムチ漬けが大きな行事でした。私たちが主食としている米も、良質な水と風、日光の恵みよってゆっくり成長する穀物です。

最近は、農薬や肥料を利用し、作物を早く大きく育てることのみに没頭しています。しょうゆ、みそ、コチュジャンは工場で大量に生産された製品を、近所のスーパーでたやすく手に入れることができます。牛や鶏も以前のように自然な状態でゆっくり育てるのではなく、抗生剤と成長促進剤を使って、早く、そして大きく育てています。このように、生産過程を短縮させ、流通期限を長くするために、各種の化学物質や防腐剤が食べ物に添加されています。

ハムやチーズも、本来はスローフードであると言えます。ハムは、ヨーロッパの農家で肉を貯蔵するために開発された方法で、放牧でゆっくりと育てた豚の肉をナラガシワの煙で燻し、倉庫にぶら下げ5〜6カ月以上熟成させて作ります。今は、抗生剤と成長促進剤を与え、短期間で肉をつけさせた家畜を使って、工場で1日で作っています。

スローフードをファストフードに変える過程で添加される各種化学添加物に対する論争は、今もまだ終わっていません。

環境にやさしい食器洗いの方法

水は少量を使って、環境のための台所洗剤を使いましょう。濃縮台所洗剤は、界面活性剤比率が40％にもなり、食器の微細な溝に隠れ体のなかに入ってきます。たわしも天然製品を使うか、洗剤が少しですむものを使いましょう。

食器洗いを始める前

に、野菜のくず、古い布、テレホンカード、ティーバッグ、コーヒーフィルターなどを利用して食器に残っている油や食べ物のかすを拭いておきます。特に油汚れは、米のとぎ汁、茶がら、コーヒーの豆がら、残ったビールで拭くとよく落ちます。

びん、つぼ、ポット じゃがいもの皮や卵の殻を水といっしょに入れて振るとよく落ちる。

ガラスコップ、ステンレス容器、銀製品 レモンの皮、みかんの皮、食酢でみがく。

茶しぶ レモンの皮、みかんの皮、あら塩でこする。

魔法びん 熱い湯に食酢をまぜたものをびんに入れ、しばらくそのまま置いてからすすぐ。

魚焼き器 料理する前に、受け皿に小麦粉や片栗粉を水にといて入れておくときれいに洗える。

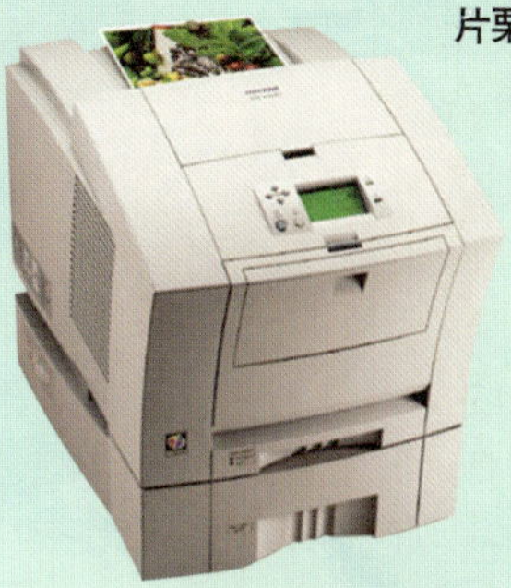

焦げた鍋 水を入れ火にかけ、焦げが剥がれたら拭く。

焼け焦げた鍋 ベーキングパウダーをふりかけてみがくか、酢水を沸かしてからみがく。

シンク 酢水（酢１：水５）をスプレーしてみがく。

冷蔵庫 酢水につけたふきんで拭く。

電子レンジ レンジに熱が残っているうちに、油汚れがこびりついているところに小麦粉をふり、ぬれた古布で拭く。時間が経った汚れは、酢水をかけてしばらく置いてからみがく。

これからは、ウェルビーイングではなくロハスで行こう

ロハス（LOHAS,Lifestyles Of Health And Sustaina-bility）は、健康と環境を害さない生活スタイルのことを言います。訳すと「親環境的な生活」という意味あいです。

地球と自分の家族および近隣に配慮した消費生活であるロハスが、ウェルビーイングと異なる点は、社会的であり、親環境的な面に、より比重を置いているという点です。ロハスを志向する人々は、持続可能な消費のために研究し、能動的に製品を求め、積極的な行動を通して、企業を変化させようとします。生産原料から流通、廃棄にいたるまで、再生と持続可能性を考慮して製品を購入するいっぽう、企業がそのような製品を作るように要求します。また、環境に良くない製品を生産する企業に対しては、不買運動を繰り広げたりもします。彼らは、環境関連ＮＧＯ(市民団体)を中心として活動していますが、現在アメリカの消費者の約1/3がロハスを志向していると推定されています。彼らの力により、企業が変わりつつあります。

アメリカの場合、印刷チェーン店のキンコーズを利用する消費者たちが、キンコーズへ環境にやさしい機器を使用するように要求しました。その結果、キンコーズはゼロックスとキヤノンに環境にやさしいプリンターを開発するように要求しました。ゼロックスは、キンコーズがとても重要な顧客であるために、要求を受け、業界初のクリーンコピー機をリリースしました。ゼロックスのクリーンコピー機は、97％が再生可能、再活用可能な部品で構成されており、トナーや保存容器も再使用することができます。

ナイキも、バスケットボールとバスケットコートを再活用した原料で運動靴を生産しています。このように、ロハス族を意識する製品が、だんだん多く生産されるようになってきています。

韓国でも、環境団体会員や生協組合員の中に、環境にやさしい生活を構築する市民層が増えています。しかし、環境にやさしい物品を生産する企業は、おもに中小企業で、大企業はまだこの問題について関心がないのが実情です。広告では環境にやさしいイメージを活用していますが、中をのぞいてみると、環境にやさしい経営や製品生産はなされていません。

よっつ

愛情と真心で作るおやつ

一軒向うのアトピーの子、

元気そうな子も皮膚がほんの少し赤くなっただけで、ドキッとします。

それが、みんな食べ物のせいなのですから。

ファストフードとインスタント食品にならされた味覚が問題です。

お母さんが、ほんの少しだけ心をこめれば、

子どもたちの味覚はあっというまに、変えることができます。

これからは、お母さんの愛情と真心がいっぱい詰まったおやつで、

子どもたちを守ってください。

もちろん、大人が召し上がってもいいですよ。

味はもっちり、栄養満点

さつまいもピザ

4　2人分　30分　春夏秋冬

主材料 ● さつまいも（2本）、ピザ用チーズ（1/2カップ）

副材料 ● たまねぎ（1/4個）、ピーマン（1/2個）

ヤンニョム ●トマトケチャップ（2）

冷蔵庫の中にある残りものの野菜が、
子どもたちが喜ぶおやつに大変身！

②

③

1 皮をつけたままさつまいも2本を蒸し、それぞれ2等分する。

2 ピザ用チーズを、山盛りのせる。

＊たまねぎ・ピーマンなど、野菜をきざんでいっしょにのせてもよい。

3 トマトケチャップをかけて、電子レンジで3分くらい加熱する。

あざやかな黄色、お口にいれてぱりぱり

焼きかぼちゃ

油まみれの揚げ物やスナックは、もうヤメッ！
さくさく、香ばしい、焼きかぼちゃでかわりを。

3　2人分　10分　夏

主材料 ● エホバッ（韓国かぼちゃ。ズッキーニで代用できる・1/4個）

ヤンニョム ● 塩（0.2）、しょうゆ（3）、ごま塩（1）、ごま油（1）、ねぎのみじん切り（0.2）、にんにくのみじん切り（1）

2

3

1 エホバッ1/4個を薄く切る。子どもが半月の形が好きなら半月切りに、十五夜満月のような形が好きなら輪切りにする。

2 ごま油をひき中火で熱したフライパンにエホバッをのせ、キツネ色になるまで焼く。

3 塩0.2、しょうゆ3、ごま塩1、ごま油1、ねぎのみじん切り0.2、にんにくのみじん切り1を合わせて作ったヤンニョムジャンを添える。

辛味は、どこに逃げたのかな?

焼きたまねぎ

3　2人分　10分　春夏秋冬

主材料 ● たまねぎ(1個)

ヤンニョム ● しょうゆ(3)、ごま塩(1)、ごま油(0.2)、ねぎのみじん切り(0.2)、にんにくのみじん切り(0.2)

作るのもラク、栄養も満点。
たまねぎの辛味は消え甘みが出るので、
子どもたちの舌にも、ぴったり。

1 たまねぎ1個を輪切りにする。

2 油をひかずに中火でフライパンを熱し、たまねぎが透明になるまで焼く。

3 しょうゆ3、ごま塩1、ごま油0.2、ねぎのみじん切り0.2、にんにくのみじん切り0.2を合わせて作ったヤンニョムジャンを添える。

カリカリ　ねっとり

さつまいものパースー

大学芋よりカリカリしていて甘〜いパースー。
子どもたちのおやつやデザートに、どうぞ。

4　2人分　30分　春夏秋冬

主材料 ● さつまいも（2本）

ヤンニョム ● 麦芽の水あめ（2）、米の水あめ（3）、水（3）、オリーブ油（1）、塩

1 さつまいも2本は皮をむいて一口大に切り薄い塩水につけたあと、水気を切る。

2 鍋に麦芽の水あめ2、米の水あめ3、水3を入れて沸騰させる。用意しておいたさつまいもを入れ、水分がなくなるまで煮る。

3 汁がなくなったらオリーブ油1を入れて、キツネ色になるまで煮つめる。

2

3

あらゆる料理の恋人

ポテトサラダ

どんな料理にもよく合う万能選手のサラダ。
トーストにはさんでもいいですね。
ベジタブルマヨネーズで作ると、よりさっぱりしてますよ。

4　2人分　30分　春夏秋冬

主材料 ● じゃがいも（2個）、ゆで卵（1個）、たまねぎ（1/4個）、きゅうり（1/4本）、にんじん（1/4本）、とうもろこし（1/2本）

副材料 ● 紫キャベツ（1枚）、ピーナッツ（2）

ヤンニョム ● 塩（0.2）、マヨネーズ（2）、米の水あめ（1）

1 ゆでたじゃがいも2個を、すりつぶしながら塩0.2で味つけをする。

2 たまねぎ1/4個はみじん切り、紫キャベツ1枚は細切りにする。きゅうり1/4本とにんじん1/4本は、きれいに洗って小さく切る。とうもろこし1/2本は、ゆがいて粒だけを使う。

＊とうもろこしは缶詰を使うと便利ですよ。

3 ピーナッツ2は、すり鉢でつぶしておく。

4 ゆで卵1個の白身は細かくきざみ、黄身は網でこすって粉状にする。

＊器にすべての材料を入れて、よくまぜる。マヨネーズ2を入れ、米の水あめ1で味をととのえる。

アイスクリームと果物で作る

アイストースト

うわ〜、
トーストにアイスクリームと果物が入ってるの？
形もおもしろいけど、味はもっと驚きよ。
蒸し暑い夏の子どもたちのおやつとして、最高。

2　1人分　30分　夏

主材料 ● 食パン（2枚）、キウイ（2個）、トマト（1/2個）、アイスクリーム（3）

ヤンニョム ● バター（1）

1 食パン2枚にバター1をぬって、フライパンで焼く。

＊トースターで焼いてもよいです。

2 キウイ1個とトマト1/2個は、薄く切る。

3 食パンの片方にアイスクリーム3をぬりキウイとトマトをのせ、もう1枚の食パンではさむ。

4 ホイルで包み、冷凍庫で10分ほどねかす。

消化のよい栄養のかたまり

全粒粉とりんごのお焼き

香ばしい全粒粉とさくさくしたりんごの幻想的な出会い。
オーブンがなくても簡単に作れます。
りんごの豊富な栄養分を、そのまま摂取できる健康おやつです。

5　2人分　30分　冬

主材料 ● 全粒粉（1カップ）、りんご（1/2個）

ヤンニョム ● 塩（0.2）、シナモンパウダー（0.2）、玄米油（1）

材料の力

「一日にりんごを一個食べると医者いらず」という言葉があるくらいりんごは、ビタミンとミネラルが豊富な健康食品です。りんごに含まれるカルシウムは体内のナトリウムを排出し、繊維質は腸をきれいにし、有機酸は胃液の分泌を旺盛にして消化を助けます。皮に多いペクチン成分は血液内の脂肪を排出し、高血圧・動脈硬化・肥満に効果があります。だから、りんごはきれいに洗って皮ごと食べるのがいいですよ。

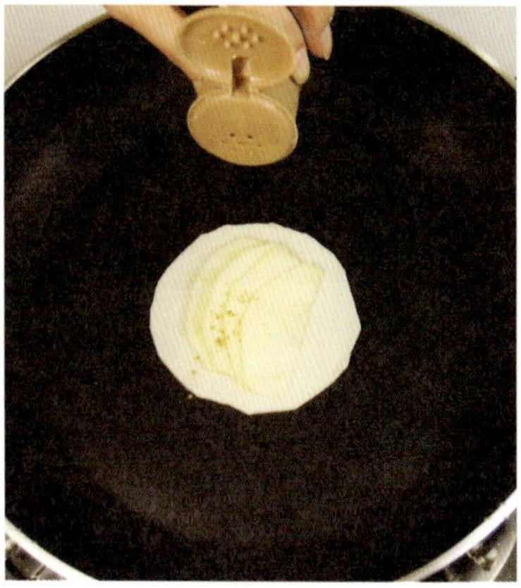

1 全粒粉1カップに塩0.2を入れて、水1/2カップを少しずつ足しながら少しやわらかめに粉をねる。

2 ねった生地を何等分かに分けて、丸く薄くのばす。

3 2の生地の上に薄く切ったりんごをのせ、シナモンパウダーと塩を少量ふりかける。

＊3の生地のふちに水を少しつけて別の1枚をその上にのせ、玄米油をぬり、弱火で焼く。

野菜がいっぱい、栄養がいっぱい

野菜入り蒸しパン

ご飯とは一味ちがうなにかが恋しいとき、
体によい材料だけで作った野菜入り蒸しパンは、いかがでしょう？
勉強中の子どもの夜食として、おとなのおやつとして、イケますよ。

5　2人分　1時間　春夏秋冬

主材料 ● 小麦粉（2カップ）、はるさめ（1/4握り）、にんじん（1/4本）、たまねぎ（1/4個）、えんどう豆（10粒）、イースト（0.2）

副材料 ● ほうれん草（1/4握り）

ヤンニョム ● 塩（0.5）、米の水あめ（1.2）

1 イースト0.2、米の水あめ1、塩0.2を湯2カップでとかし、小麦粉2カップとまぜ、よくこねた後、30分間ねかせる。

2 はるさめ1/4握りをゆがいて、みじん切りにする。えんどう豆10粒は塩をまぶしてつぶし、米の水あめ0.2をまぜる。

3 にんじん1/4本、たまねぎ1/4個、ほうれん草1/4握りは、みじん切りにして塩で味をつけ、2とまぜてあんを作る。

4 発酵した生地を少しずつちぎって中にあんを入れ、蒸しパンの形にまるめて蒸す。

＊蒸し器の水に塩を入れると、自然な塩味になります。

特別な日のための特別な味

栗かぼちゃケーキ

家族の記念日には、愛情いっぱいのお餅ケーキを作ってみてください。
甘いかぼちゃともちもちしたお餅の、思わずよだれが出そうな出会い。
その真心に感動し、その味にまた感動します。

4 2人分 1時間 秋

主材料● 米（2カップ）、栗かぼちゃ（1/2個）、もち米の粉（1/2カップ）

副材料● かぼちゃの種（1）、松の実（1）

ヤンニョム● 米の水あめ（0.5）、砂糖（3）、塩（0.2）

1 米2カップは洗い20分ほど水につけておいてから、塩0.2といっしょにミキサーにかける。

＊古米と新米では、水に浸す時間が異なります。米粒が白くなってきたら、ほぼふやけたと思ってよいです。

2 水1/2カップを入れて米をすりつぶし、そこに小さく切った栗かぼちゃ1/2個を入れいっしょにミキサーにかける。米の水あめ0.5と砂糖3も入れる。

＊砂糖のかわりに米の水あめ3を入れてもよいです。ただし、ケーキの色は少し黒くなります。

3 2にもち米の粉1/2カップを加えながら、ややかためにこねる。

4 蒸し器にふきんを敷いて、薄切りにしたかぼちゃや松の実などを飾り用にのせ、その上に3をまんべんなく詰める。25分くらい蒸して火を止め、5分ほど蒸らす。

＊完成したら、なつめや干しぶどうなどを飾ってみてください。

家族みんなが集まる時のための

栗かぼちゃだんご

かぼちゃの淡白さともち米の弾力感がよく合う珍味。
子どもたちのおやつにしても、
大人たちのお茶うけにも、とても喜ばれます。
家族みんなが集まる時に、おだんごパーティはいかがですか？

4　2人分　1時間　秋

主材料 ● 栗かぼちゃ（1/2個）、もち米の粉（2カップ）

ヤンニョム ● 塩（0.2）、干しぶどう（2）

1 栗かぼちゃ1/2個は蒸し器で蒸したあと、熱いうちによくつぶす。

＊栗かぼちゃは箸がすっととおれば、よく蒸せた証拠。

2 もち米の粉2カップに塩0.2を入れ、湯を少しずつ加えながらこねる。ある程度こねたら、すりつぶした栗かぼちゃを入れて、少しかためにこねる。

3 こねた生地を栗の実くらいの大きさにちぎり、手のひらで丸くまるめて、真ん中に干しぶどうを一粒ずつ入れる。

＊生地を棒状に伸ばし一定の大きさに切りそろえてから丸めると、だんごの大きさがそろいます。

4 鍋に湯をわかし、丸めただんごを入れる。ぷくぷく浮いてきたら取り出し、冷水にすばやくつける。

材料の力

栗かぼちゃはビタミンA、B_1、B_2、C、食物繊維、カルシウム、鉄分、リンなどが豊富で、皮膚粘膜を健康にし免疫力を高めてくれます。また、利尿作用を助け体をあたたかくしてくれるので、子どもや女性の健康と美容に大変よいです。

夢のようにふわふわ、愛のように甘い

さつまいもだんご

口の中でとろとろっととける甘さとふわふわ感。
老若男女を問わず、だれもが好きな味です。
ご近所や親戚の家を訪ねる時の手土産としても、ぴったり。

3　2人分　1時間　春夏秋冬

主材料 ● さつまいも（2本）、きな粉（1/2カップ）

副材料 ● 松の実（1）、黒ごま（5）

ヤンニョム ● 砂糖（1）、塩（0.2）

1 さつまいも2本を蒸かし、冷めてからつぶす。

2 松の実1をつぶして、1とよくまぜる。

3 2を丸くまるめる。

4 黒ごま5は、煎っておく。ごまときな粉1/2カップを、それぞれに塩と砂糖で味つけする。

5 3に4を、まんべんなくまぶす。

すばらしい味と美しい知恵がつまっている

チンマルタシク（茶食）

4　2人分　30分　春夏秋冬

有害添加物のかたまりのようなお菓子のかわりに、
安心して食べられるおやつです。
お茶といっしょに召し上がるとよく合いますよ。

主材料 ● 生食粉または麦こがし（1カップ）、はちみつ（4）、玄米油（2）

1

2

1 生食粉1カップをふるいにかけて、フライパンできつね色になるまで空炒りする。

＊麦こがしを使っても作れます。

2 炒めた生食粉にはちみつ4を入れて、ややかために練る。生地を栗の実くらいの大きさに分け、油をぬった茶食版で型抜きをする。

子どもと女性のための天然滋養剤

かぼちゃジュース

やわらかさと甘さを、全身で味わってください。
健康にもよく味もよい、自然食品です。

4　2人分　30分　春夏秋冬

主材料 ● 栗かぼちゃ（1個）、豆乳（1カップ）、はちみつ（0.2）

1 栗かぼちゃ1個を薄切りにして蒸したあと、きざんでおく。

2 蒸したかぼちゃを豆乳1カップといっしょにミキサーにかける。

＊器に入れ、はちみつをかけて、よくかきまぜてください。

永遠なる青春のおやつ

トッポッキ

韓国の学校の前には必ず並んでいるトッポッキ屋。
トッポッキのない青春時代なんて、考えられないくらいです。
いつ食べても飽きない、不動の人気のおやつ。
トッポッキに、しいたけとピーマンを入れてみました。
ケチャップを入れると辛味が薄らいで、
きのこのうま味が口の中でジュワーッ。

4　2人分　30分　春夏秋冬

主材料● トッポッキ用の韓国の棒餅（2握り）、たまねぎ（1/2個）、ねぎ（1本）、にんじん（1/2本）、しいたけ（1枚）、ピーマン（1個）

副材料● えんどう豆（1）、昆布（手のひらサイズ1枚）、ごま（1）、青とうがらし（2本）

ヤンニョム● しょうゆ（1）、塩（0.2）、コチュジャン（3）、トマトケチャップ（3）

1 餅2握りを洗い、水につける。やわらかくなったら取り出す。

2 たまねぎ1/2個、ねぎ1本、にんじん1/2本、しいたけ1枚、ピーマン1個、青とうがらし2本をきれいに洗って、みじん切りにする。えんどう豆1はゆがいておく。

3 昆布のだし汁約1カップにコチュジャン3と2を入れて、よくまざるようにかきまぜながら煮る。

＊ここにトマトケチャップをコチュジャンと同じ割合で入れると、まろやかな甘辛味になり、子どもたちが喜びます。

4 餅を3に入れて、しょうゆと塩で味をととのえる。

＊餅がやわらかくなった頃にバターを少し入れると、やさしい味になります。

家族みんなで飲める長寿飲料

松葉のジュース

私たちの先祖の知恵が詰まった健康飲料です。
一口飲んだ瞬間に、松の香りがふわーっと広がり
全身がときほぐされ爽快です。

3　2人分　30分　春夏秋冬

主材料 ● 松葉（1握り）、りんご（1/2個）、ヨーグルト（1カップ）

副材料 ● せり（1/4握り）

材料の力

松葉の主要成分である葉緑素・ビタミンA・Cは血液を作り、さらさらにする働きをします。また消炎作用および痛みをやわらげ傷を治すので、膏薬の原料や下痢止めとしても使われます。そればかりか、頭をすっきりさせ細胞を若返らせる効果もあるので、家族全員の健康飲料としておおいにおすすめです。

1 松葉1握りは一日冷水につけてから、よく洗い、水気を切る。

＊松葉は、1本1本葉の付け根まできれいに洗いましょう。

2 水切りをした松葉を3cm大に切る。

3 細かく切った松葉とりんご1/2個、ヨーグルト1カップ、せり1/4握りをミキサーにかける。

＊せりのかわりに、きれいな場所に生えているたんぽぽの葉を使うと、さらにおいしくなります。

お父さん、これを飲んでファイト！

栗とかぼちゃのジュース

3　2人分　30分　夏

仕事で疲れたお父さんと
日々すくすく育つ子どもたちのための栄養食。

主材料 ● 栗（3粒）、栗かぼちゃ（1/4個）、りんご（1/2個）、氷（1カップ）

ヤンニョム ● はちみつ（0.2）

1

2

1 栗かぼちゃ1/4個は蒸してから皮をむく。栗3粒は、皮をむいてから蒸す。りんご1/2個は洗って適当な大きさに切る。

2 1に、はちみつと氷を加えてミキサーにかけ、器に移せば完成。

材料の力

栗は5大栄養素がバランスよく含まれた食品で、病気の回復中の人や、常に疲れを感じている人、乳児にとても良いそうです。堅果類の中でビタミンCが最も多く、美肌、疲労回復、かぜ予防に高い効果があります。

さっぱりといただく夏の滋養剤

梅のスムージー

人工色素や人工香料が入っていないのできれいです。
化学添加物から解放された健康飲料。

3 2人分 夏

主材料 ● 梅エキス〈原液〉(3)、豆乳(1カップ)、水(1カップ)

2

3

1 梅エキス3、豆乳1カップ、水1カップをまぜあわせる。

＊梅エキスのかわりに松葉エキス、家で作った果実のジャムや野菜酵素、米の水あめ、はちみつなどを入れてもいいです。

2 製氷皿にそそぎ冷凍庫に入れ、3時間以上凍らせる。

3 かたく凍った2を取り出し、かき氷機で細かくくだく。器にスプーンでぎゅっぎゅっと押しつけながら盛り、ストローをさせば出来上がり。

＊作り方が簡単なので、子どもと一緒に作れます。

世の中にこんな味が！

豆腐アイスクリーム

暑さを追いはらい健康までばっちり。
まくわうりと豆腐で作った風変わりなアイスクリーム。
さっぱりしているのに、こくある味に。
ぞっこんになりますよ。

主材料 ● 豆腐（1丁）、まくわうり（1個）

ヤンニョム ● 豆乳（1カップ）、ピーナッツ粉（0.5）、くるみ粉（0.5）、米の水あめ（4）、塩（0.2）

1 鍋に豆腐1丁と水を入れ、火にかける。

2 豆腐を取り出し四角に切る。冷水につけて冷ましてから水気を切る。

3 まくわうり1個をむいて種とわたをのぞき、乱切りにする。

＊まくわうりのかわりにメロンを使ってもいいです。

4 豆腐、まくわうり、豆乳1カップ、米の水あめ4、塩0.2をミキサーに入れ、きれいにくだく。

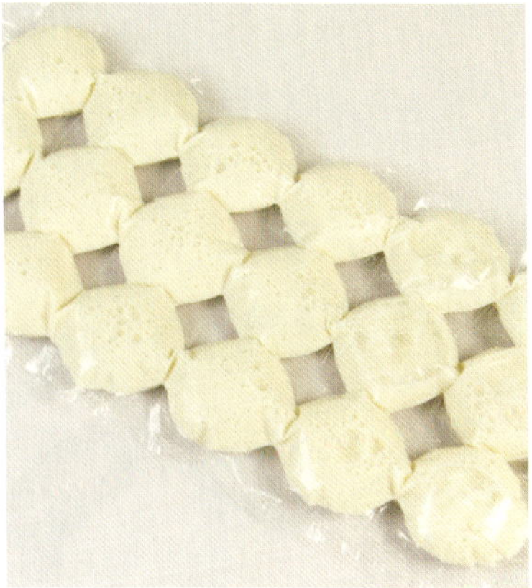

5 4を製氷皿に入れて凍らせる。

＊氷を取り出し、ミキサーまたはかき氷機でかいたあと、器にぎゅっぎゅっと押しつけるようにして盛ってください。
＊お好みにあわせて、堅果類をくだいて飾ってもいいです。

材料の力

乳脂肪12％の高級アイスクリーム200gには、64mgのコレステロールが含有されています。バニラアイスクリーム200gには脂肪26g、コレステロールは182gも含有されているそうです。これにくらべ、豆腐アイスクリームのカロリーは1/2で、脂肪含有量は8g以下、コレステロールはまったくありません。そして、からだに良い鉄分は20倍、葉酸は10倍、ビタミンEは5倍以上多いそうです。

平凡なのはイヤよ

さつまいもアイスクリーム

4　2人分　春夏秋冬

いまどきは、さつまいももさっぱり食べます。
ふかしたさつまいもの驚くばかりに変身した味を
おためしあれ。

主材料 ● さつまいも（2本）、豆乳（1カップ）、米の水あめ（0.2）

♣さつまいものかわりに、あずきを使うとあずきアイスクリームになります。

2

3

1 さつまいも2本をふかす。

2 ふかしたさつまいも、豆乳1カップ、米の水あめ0.2をミキサーにかけるか、器に入れてつぶす。

3 2を製氷皿に入れ冷凍室で凍らせたあと、ミキサーまたはかき氷機できれいにかく。

かき氷にも健康をつめました

緑茶かき氷

今年の夏の健康は緑茶かき氷とともに。
さっぱりとしていて香り高い一品です。

4　2人分　夏

主材料 ● 緑茶粉（2）、氷（2カップ）

副材料 ● ミニトマト（2粒）、梨（1/2個）、松の実（5粒）

ヤンニョム ● はちみつ（1）

1

2

1 氷2カップは、かき氷機できれいにかき、器に盛る。

2 梨1/2個は、皮をむき千切りにする。

3 かいた氷の上に緑茶粉1をふりかけ、梨、松の実、ミニトマトをかざる。

＊はちみつ、松の実、ミニトマトをトッピングしてください。

大豆から作る濃厚スープ

豆乳

口いっぱいに広がる香ばしい香り。
ぽんぽん菓子や五穀シリアルを入れて食べれば、
子どものおやつはもちろん、おとなの朝食にもじゅうぶんです。

5　2人分　1時間　春夏秋冬

主材料 ● 大豆（2カップ）

ヤンニョム ● 塩（0.2）、米の水あめ（0.2）

1 一晩水に浸した大豆2カップに豆がかぶるくらいの水を入れ、25分ほどゆでる。

＊豆は、指でそっと押してつぶれるくらいに煮てください。ゆですぎはよくありません。

2 1と塩0.2、米の水あめ0.2をミキサーにかける。

3 きれいなざるでこして大豆汁をとる。

4 3をひと煮立ちさせる。

材料の力

豆乳は牛乳にくらべてたんぱく質が多く、カロリーは低い健康飲料です。しかし、大量生産される豆乳には各種の添加物が入っていて、体に悪いようです。少し手間はかかりますが、家で作って飲めば、豊富な栄養分を安心して摂取できます。

ゆっくり作ればさらに良し

シッケ

人工の甘味ではない深くにじみ出る甘さを味わってみてください。
シッケはできあがるのに時間がかかりますが、
そのぶん安心して口にすることができる韓国固有の健康飲料です。

5 春夏秋冬

主材料● 麦芽粉（2カップ）、ご飯（茶碗1）、砂糖（3）、水（15カップ）

1 麻袋に麦芽粉2カップをつめる。

2 内釜に用意したぬるま湯15カップに1の麻袋を入れてよくもんでから取り出し、炊飯器にセットする。

3 2にご飯・茶碗1を加え、スイッチを入れて、保温状態にする。米粒が10粒くらい浮いてきたらプラグを抜く。

＊通常2〜3時間過ぎから米粒が浮かびはじめます。

4 米粒がそれ以上やわらかくならないようにご飯は取り出し、冷水につける。

5 シッケの汁は鍋に移し、砂糖3を入れ火にかけ、10分ほど煮つめる。

＊シッケを飲むとき、松の実、ゆず、ざくろの実などを浮かべてください。

親環境と仲良くするための手引き…

ファストフードを食べてはいけない８つの理由

①栄養のアンバランスを招き、人体に有害な添加物がたくさん含まれている

ファストフードの主原料は、動物性たんぱく質、脂肪、精製された砂糖、塩、化学調味料などです。子どもの成長と代謝に必要なビタミンとミネラルを摂取することのできる緑黄色野菜は見ることができません。そのうえ、大部分の原料を輸入していますが、その原料の保存期間を延ばすために有害物質がたくさん含まれています。

②骨が弱くなる

ファストフードに使われている精製された塩や砂糖は、骨の中のリン成分をとかし、カルシウムを消耗し、骨をもろくします。ファストフードといっしょに飲むコーラや、味を引き出すために添加される「グルタミン酸」という化学調味料が骨をもろくする主犯です。

③肥満になる

ご飯茶碗１膳分のカロリーは325 kcalですが、ハンバーガー1個のカロリーは590 kcalです。ハンバーガーがご飯より2倍近くも高いのです。サムギョップサルの脂肪率は25％ですが、ハンバーガーの脂肪率は40％です。ファストフードは、このように高脂肪食品なので簡単に肥満になります。

④便秘になる

高脂肪、高カロリーのファストフードは、繊維質が少ないので便秘を誘発し、腸の機能を低下させます。

⑤環境ホルモンが過度に多い

世界保健機関が公認したダイオキシン専門測定機関から発行の報告書によれば、マクドナルドのビッグマックから1.2pg（ピコグラム、１兆分の１グラム）、ピザハットのポスメルピザシュープリームから1.28pg、KFC（ケンタッキーフライドチキン）のチキンから1.29pgのダイオキシンが、それぞれ検出されました。米国内の調査結果ではありますが、韓国でも同じメニューが販売されており、参考にする必要があります。

⑥調理過程が清潔でない

1999年の大韓主婦クラブ連合会の調査によると、20種類のハンバーガーから24時間以内に食中毒をおこす黄色ブドウ球菌が基準値以上に検出されました。

⑦ロイヤリティー（対価）を払って、ごみを買っている

外資企業にロイヤリティーを支払って、私たちに残るのは、悪くなった体とハンバーガーの包み紙、発砲スチロール、飲み物の容器など、多くの使い捨て用品を

生み出すごみ問題だけです。

⑧旬の農産物、伝統料理の味を忘れさせ、食文化を歪曲させます。

アトピーを予防する自然主義健康法10項目

①ものひとつ買うのでも、環境にやさしい製品、再生原料を使っている製品、有機農法で生産された製品を選びましょう。環境が汚染されれば、いくら健康な人でも、その健康を維持できないので、環境にやさしい生活を身につけるようにしなければなりません。

②素朴で質素な生活を楽しみましょう。消費は環境破壊につながるので、消費をできるだけ減らし、季節の野菜など自然食を中心にすえ、味の好みを変えてメニューを作りましょう。

③衣服は可能であれば古着をもらって着るのがおすすめです。人工染料を使用した衣服の毒性は、20回洗わないと除去できません。もし、新しい服を買った時は、煮るか洗ってから着ましょう。洗濯は漂白剤を使わずに、すすぎは衣服に洗剤が残らないようにしっかりしなくてはいけません。毛織物、合成繊維は避け、綿でできた衣服を着ましょう。体にぴったりつく衣服も避けたほうが良いです。

④化学調味料のかわりに、天然調味料を使いましょう。化学調味料を避ける、もっとも確実な方法は、外食をしないことです。家で調理するときも、野菜エキスや天然調味料を作って使えば、さらに良いです。

⑤子どものおやつは家で手作りして与えましょう。さつまいもやじゃがいもをふかしたり、米粉、とうもろこしの粉などでおもちを作りましょう。アイスクリームもそれほど手間をかけることなく作れます。

⑥子どもたちの爪はできるだけ短く切り、手が顔に触れないようにしましょう。

⑦家の中は、ほこりやダニが出ないように、常に清潔にし、室内温度は20℃、湿度は50%を維持しましょう。

⑧ペットは飼わないほうが無難です。

⑨天然の食べ物で栄養をバランスよく摂りましょう。ビタミンCは抗炎症、抗酸化作用でかゆみをしずめるのに役立ち、免疫力を高めます。

⑩アトピーによるストレスを、誰よりも感じるのは子ども自身です。子どもが安心していられるように、穏やかでやさしい雰囲気を作り、勇気を与えるあたたかい言葉をひんぱんにかけましょう。

おそい食べ物とはやい食べ物

電子レンジで温めたり、水を入れて少し火にかけるだけで、ご飯はもちろん、スープ、チゲ、おかず、おやつにいたるまでOKのインスタント食品。3分にも満たない短い時間で食事可能なことで、消費者を誘惑しています。ジャージャー、カレー、インスタントご飯、インスタントスープ、ご飯にかけるふりかけなど、その種類は多様です。

しかしながら、保存容器の環境ホルモンと質の低い原料、刺激的な調味料でごちゃまぜになっているインスタント食品は、大切な家族の健康を脅かす主犯です。

―インスタント食品のジャージャーより、新鮮な野菜とチョングッチャン（豆みそ）で作るチョングッチャンご飯を作ってあげましょう。

―各種化学添加物が入っているご飯ふりかけのかわり

に、おかずとして食べたナムㇽを細かく刻んでご飯とまぜれば、栄養価も高く、健康にも良いです。

—お菓子のかわりに、たまねぎ焼きやさつまいも焼きを作ってあげましょう。

—ハンバーガーや道端で売っているトッポッキや揚げもののかわりにじゃがいもやさつまいもをふかしてあげましょう。

—炭酸飲料のかわりに冷たい水を飲むようにしましょう。またはシッケを作ってあげましょう。

おそい食べ物は時間と真心を必要としますが、一度始めれば、そんなに大変ではありません。ゆっくりと作った料理を食べた子どもたちは、健康で落ち着きのある人間に育ちます。

	化学添加物名	食品	有害性
防腐剤	ソルビン酸、ソルビン酸カリウム	魚・肉製品、たくあん、しょうゆ、ケチャップ、発酵乳、乳酸菌飲料	亜硝酸ナトリウムといっしょに摂取すると、発がん物質に変化する、染色体異常
	デヒドロ酢酸、デヒドロナトリウム	チーズ、バター、マーガリン	肝臓に変化、染色体異常
	プロピオン酸	チーズ、パン、菓子	目、皮膚、粘膜を刺激する
	安息香酸、安息香酸ナトリウム	合成しょうゆ	てんかん、けいれんなどを誘発
人工合成甘味料	L-グルタミン酸、L-グルタミン酸ナトリウム	あらゆる種類の調味料	めまい、手足のしびれ、頭痛、口の神経細胞の破壊
	アスパルテーム	清涼飲料水、ゼリー、ガム、アイスクリーム	ラットとウサギへの投与時、脳と骨格に異常を発見
	グリチルリチン酸2ナトリウム	合成みそ、合成しょうゆ	硬直、けいれんなどの急性毒性発現
	コハク酸	清酒、合成みそ、合成しょうゆ	ネコでの実験時、嘔吐と下痢
	酸類	各種ソース、ピクルス、ケチャップ、マヨネーズ、シロップ、チーズ	強い急性毒性
	サッカリン	ガム、清涼飲料水、アイスクリーム、菓子類	ラットの子宮がん、膀胱がん誘発

子どもたちの人格に悪影響を与える食品添加物

食品添加物は、加工食品を作る過程で流通期間を延ばし、色、味、見た目を良くするために添加する化学物質のことです。子どもたちの情緒が不安定になったり、乱暴になったり、集中力が落ちるもっとも大きな原因は、食べ物を通して摂取する食品添加物にあります。体内に入ってきた食品添加物は、外に排出されずに蓄積されます。食品を買うときは、表のような添加物が入っていないかどうかを確認し、可能な限り無添加のものを選びましょう。

	化学添加物名	食品	有害性
酸化防止剤	EDTA2ナトリウム、EDTA2カルシウム、EDTAナトリウム	マヨネーズ、缶詰の酸化防止剤	猛毒性、カルシウム不足症、胃腸障害誘発、脳奇形児発生
	エリソルビン酸 エリソルビン酸ナトリウム	鮮魚、魚の塩漬け、冷凍食品、酒類、ジュース、バター、チーズ	変異原性、染色体異常
	ジブチルヒドロキシトルエン	食用油、バター	コレステロール上昇、ホルモン剤でがん誘発、遺伝子損傷、染色体異常
酸味料	クエン酸	清涼飲料水、ジュース、ジャム、ゼリー、氷菓子、砂糖、ソース、チーズ、アイスクリーム、食用油	比較的毒性が弱い
	酒石酸、 酒石酸ナトリウム	クエン酸と同じ	染色体異常
	乳酸	清酒、清涼飲料水、パン、菓子、ゼリー、アイスクリーム	急性出血、赤血球減少
	アジピン酸	チーズ、砂糖、ゼリー、プリム（コーヒーに入れる粉末クリーム）	刺激性が強い
	フマル酸、 フマル酸ナトリウム	塩蔵食品、清涼飲料水、ジュース、ゼリー、菓子、くだものの缶詰	ウサギの甲状腺膨張、充血、精巣への影響

—『アトピーをつかまえろ』（次世代を守る人々著、時空社）より

いつつ

腕の見せどころ、だしとソース

ソースとヤンニョムは、すべての料理に欠かさず入っています。
ほかの材料がどんなによくても、ソースとヤンニョムがよくなければ、
料理の味は半減です。
手作りのものは市販のものより保存期間が短いのが難点ですが、
体には100倍、いいえ、それ以上にいいですよ。
たくさん作って、ご近所におすそ分けすると喜ばれると思いませんか？

味を引き出すかくれた功労者

菜食エキス（野菜だし）

さまざまなスープの味を引き出すのになくてはならない菜食エキス。
材料が有機農産物であれば、皮や根も利用することができます。
多めに作って長く使ってください。

4　1時間　春夏秋冬

主材料 ● 大根（1/8本）、昆布（手のひらサイズ3枚）、干ししいたけ（3枚）

副材料 ● 干した赤とうがらし（1本）、にんじん（1/4本）、とうがらしの種（1）

よく合う料理 ● スジェビ（すいとん）、マンドゥクッ、テンジャンクッなど

保存期間 ● 冷蔵5日、冷凍3週間

料理のセンス

スープを取ったあとの昆布の再利用

- 千切りにして麺のトッピングにする。
- 千切りにしてヤンニョムで和えてから油で炒め、おかずにする。
- 油で揚げたあと、砂糖とごまをまぶし、おかずにする。
- 千切りにしてしょうゆ、砂糖、菜食エキスを加え、弱火で煮て、おかずにする。

1 鍋に大根1/8本、昆布手のひらサイズ3枚、干ししいたけ3枚、干した赤とうがらし1本、にんじん1/4本、とうがらしの種1を入れ、材料が十分に浸るくらいの水を加え火にかける。

＊キャベツの芯、ねぎの根など野菜くずも入れてください。

2 水が煮立ち始めたら火を弱くし、昆布を取り出す。

＊昆布を水に3〜4時間つけておいても、おいしいスープが取れます。

3 約10分ほどおき、干ししいたけも引き上げ、さらに30分ほどとろとろ煮る。

＊引きあげたしいたけは、別の料理に使うことができます。
＊一度に使う量をビニールパックに小分けし、冷凍すれば長く保存することができます。

深くて奥ゆかしい海の味

かつおぶしとしいたけのエキス

いろんなチゲを、いっそうおいしくしてくれるだしです。
かつおぶしとしいたけを使った、すっきり味なのにこくがある一品です。

3　30分　春夏秋冬

主材料 ● かつおぶし（1握り）、昆布（手のひらサイズ2枚）、干ししいたけ（2枚）、たまねぎ（1/2個）

よく合う料理 ● しゃぶしゃぶ、魚のチゲ、うどんなど

保存期間 ● 冷蔵5日、冷凍3週間

1 かつおぶし1握りを深めのざるに入れ、昆布手のひらサイズ2枚の白い粉をぬれぶきんで拭いて適当な大きさに切る。

2 干ししいたけ2枚をきれいに洗い、水で10分ほどもどす。

＊干ししいたけをもどした水は捨てずに、だしをとるときに使ってください。

3 鍋に材料が十分に浸る量の水と、くし形に切ったたまねぎ1/2個を入れ火にかける。煮立ち始めたら昆布を加え、5分後に取り出す。干ししいたけを加え、15分間さらに煮る。

4 干ししいたけの味がしみだしてきたら火を止め、かつおぶしを入れたざるを鍋に入れ軽くゆすりながら味がしみ出るようにする。

＊だしにかつおぶしのかすが残らないようにきれいな綿布でこし、保存する。

天然調味料の元祖

煮干しと野菜のだし

カルシウムの供給源である煮干しは味もよく、
スープ料理には欠かすことができませんよね。
化学調味料よりも、天然調味料の煮干しと野菜で作っただしのほうが
体にずっといいですよね？

3　1時間　春夏秋冬

主材料 ● 煮干し（1/2握り）、大根（1/4本）、たまねぎ（1/4個）、長ねぎ（1本）、にんにく（2片）

よく合う料理 ● 温麺、スジェビ（すいとん）、各種チゲなど

保存期間 ● 冷蔵5日間、冷凍2週間

料理のセンス

煮干しのおいしさを引き出す方法

煮干しの下ごしらえしだいで、スープの味が変わってきます。2つにちぎるより、4つにちぎったほうが、スープの味もより濃くなり、口の中でかみやすくなります。

❶煮干しの頭を取り、後頭部から半分に分ける。

❷腹わたを取り出して、さらにふたつに分ける。

1 煮干し1/2握りはそのまま、鍋で空煎りする。

2 大根1/4本は洗って皮ごと大きく切る。たまねぎ1/4個と長ねぎ１本も大きく切る。にんにくは薄切りにする。

3 1に大根、たまねぎ、長ねぎ、にんにくを入れたら、水をたっぷり入れて火にかける。中火でことこと煮ると、煮干しと野菜が煮崩れせずにきれいなスープをとることができる。20分ほど火にかけ、野菜と煮干しの味が十分にしみ出たら、火を止める。

＊だしは綿布でこし、すんだスープだけを別に取ってください。

食欲を引き出す食卓の甘草

栄養満点サムジャン

食欲のないときは、みずみずしいサムが食べたくなりますよね？

サムジャンを作っておくと、生野菜だけでも食卓が豊かになりますよ。

家族みんなの食欲も増し、栄養も満点！

（サム＝生の葉物野菜で、ご飯や野菜をくるんで食べること）

5　30分　春夏秋冬

主材料 ● みそ（4）、コチュジャン（1）、しいたけ（3枚）、ピーマン（2個）、えごまの葉（3枚）、ブロッコリー（1株）、米の水あめ（2）、ごま油（1）

副材料 ● 粉末昆布（2）、ピーナッツ（2）、ひまわりの種（2）、ごま（1）

よく合う料理 ● 肉料理、ピビムパッ、サムパッ（つつみご飯）など

保存期間 ● 冷蔵2週間

1 しいたけ3枚、ピーマン2個、えごまの葉3枚、ブロッコリー1株は、きれいに切りそろえる。ピーナッツ2、ひまわりの種2、ごま1はつぶしておく。

＊副材料は、なければ省略してもかまいません。

2 フライパンにえごまの油をひき、熱したらきざんだしいたけと野菜を炒めて水を加え、野菜を煮る。野菜がある程度煮えてきたら、弱火にし、ピーナッツ、ひまわりの種、ごま、粉末昆布2、みそ4の順で加える。

3 コチュジャン1で色をつけ火を止めてから、ごま油1を加える。

＊もしもサムジャンがしょっぱいときは、豆腐半丁をつぶして加えてください。ここに酢を少し入れ、かき混ぜながら、もう一度加熱すると、味がいっそうまろやかになります。

スープの味を最高に引き出したいときは

魚醤のヤンニョムジャン

4　10分　春夏秋冬

主材料 ● いかなごの魚醤（3）、アミの塩辛（0.2）、チャンヤン（青陽）とうがらし（辛味の強い青とうがらし・1本）、赤とうがらし（1本）、にんにくのみじん切り（0.5）、ねぎのみじん切り（2）、酒（0.2）

よく合う料理 ● キムチチョンゴル、野菜のチョンゴルなど

保存期間 ● 冷蔵で1週間

すっきりとしたスープの味を引き出す縁の下の力持ち！
さっぱりとしながらもピリッとした辛みで
味をひきしめてくれます。

1 チャンヤン（青陽）とうがらし1本、赤とうがらし1本を種の入ったまま、きれいにきざみ、アミの塩辛1といかなごの魚醤3を用意する。

2 用意した材料をまぜ、ヤンニョムジャンを作る。

オールマイティーな味の代名詞

粉とうがらしのヤンニョムジャン

ちょっぴり辛くピリッとしたヤンニョムジャンです。
食欲をそそるピリカラ味の一品です。

4　30分　春夏秋冬

主材料 ● とうがらし粉 (3)、ねぎのみじん切り (2)、にんにくのみじん切り (1)、しょうゆ (2)、みりん (2)、ごま油 (0.2)、ごま塩 (0.2)、こしょう

よく合う料理 ● チゲ類・メウンタン(魚の辛口鍋)・ソルロンタン (牛の煮込みスープ) などの薬味

保存期間 ● 冷蔵で2週間

①

②

1 粉とうがらし3、ねぎのみじん切り2、にんにくのみじん切り1を準備する。

2 粉とうがらしを、しょうゆ2とみりん2でといて、10分間ひたしておく。

＊みじん切りねぎ、みじん切りにんにく、ごま油0.2、ごま塩0.2、こしょうを加え、よくまぜて出来上がり。

こんなにピリカラな味ってほかにない！

青陽《チョンヤン》とうがらしヤンニョムジャン

4　30分　夏

ただ辛いのではない、
さわやかさのなかに甘みを感じる辛さです。
麺やヂョンと合わせるとよいです。

主材料 ● チャンヤン（青陽）とうがらし（8本）、にんにくのみじん切り（0.2）、たまねぎのみじん切り（1）、昆布だし（3）、薄口しょうゆ（1）、ごま油（0.2）

よく合う料理 ● うどん、各種ヂョンのヤンニョムジャン

保存期間 ● 冷蔵で2週間

1

2

1 チャンヤン（青陽）とうがらし8本は、たて半分に切ってから細かく切る。

2 器にとうがらしときれいにきざんだにんにく0.2、きざんだたまねぎ1を入れる。

3 昆布だし水3、薄口しょうゆ1で味をととのえ、ごま油0.2で香ばしさを加え、まぜあわせて出来上がり。

春の訪れを感じてください

ひめにらのヤンニョムジャン

口の中でワルツのように広がるピリカラの芳しい味！
あれこれ使い道が多いので、たくさん作りおきして使ってください。

4　30分　春

主材料 ● ひめにら（1握り）、しょうゆ（1/2カップ）、水（1/2カップ）、みりん（0.2）、ごま油（0.2）、粉とうがらし（1）、ごま塩（1）

よく合う料理 ● うどん、海苔を巻いて食べるとき、ナムルを和えるときなど

保存期間 ● 冷蔵で2週間

料理のセンス

春にはナムルをたくさんめしあがれ

ビタミンとミネラルが豊富な春のナムルは新陳代謝を円滑にし、食欲を高める効果があります。春困症（春に感じるけだるさのこと）を追い払うのに春のナムルよりいいものはないですよね。
ひめにらは肝臓に良く、なずなは胃腸に、たらの芽は疲労回復に、苦菜は食欲増進に力を貸してくれます。このほかにもまんねんぐさナムル、わすれぐさナムル、菜の花ナムルなどがあります。

1 ひめにら1握りをきれいに洗い、適当な大きさに切る。

2 器にひめにらを入れ、しょうゆ1/2カップ、水1/2カップ、みりん0.2、ごま油0.2、粉とうがらし1、ごま塩1を加え、まんべんなくまぜ合わせる。

体もいきいき　地球もいきいき

トマトケチャップ

家で作る香り高い酸味のあるトマトソース。
一度手作りを食べたら二度と市販のケチャップは食べられません。
パスタソースにも利用できます。

3　1時間　春夏秋冬

主材料 ● トマト(3個)、米の水あめ(2)、塩(0.2)、酢(0.2)

よく合う料理 ● 野菜サラダ、トースト、じゃがいも料理、スパゲッティなど

保存期間 ● 冷蔵で1週間

1 トマト3個のへたを切り落とし、上部に十字の切り目を入れる。

2 ふつふつと沸いた湯のなかで煮ると、自然に皮がむける。

3 皮をむいたトマトをつぶす。口当たりが気になる場合はざるでこすか、かたまりをナイフで細かくきざむ。

4 米の水あめ2、塩0.2、酢0.2を加え少しずつかきまぜて、適当な濃度になったら火を止める。

＊トマト3個ですが、水分がとぶのでケチャップの出来上がる量は、それほど多くはありません。

材料の力

トマトが赤くなると医者が青くなるという西洋のことわざがあります。よく熟したトマトを食べると病院の世話になることがないという意味です。トマトに含有されているビタミンCはルチンという成分とともに血圧を下げる作用をするそうです。このほか脂肪の消化を助けるビタミンB_6、カロチン、鉄分、カルシウムが豊富で、高血圧患者や脂っこい料理を好む人におすすめです。

豆乳で作る自然の味

ベジタブルマヨネーズ

3
30分
春夏秋冬

有害な添加物の入らない天然素材のマヨネーズです。
防腐剤を使っていないので長期保存はできませんが、
そのぶん体には安全です。

主材料 ● 豆乳（1カップ）、玄米油（2カップ）、酢（1）、米の水あめ（1）、塩（0.2）、レモン汁（1）

よく合う料理 ● 野菜サラダ、トーストなど

保存期間 ● 冷蔵で2週間

♣玄米油のかわりにくるみ、松の実、アーモンドなどをすって加え、いちごやキウイのような果物を入れると、さっぱりとしたナッツソースになります。

①

③

1 ミキサーに豆乳1カップ、米の水あめ1、塩0.2を入れ撹拌し、玄米油2カップを少しずつ加える。最初から豆乳と玄米油をいっしょにまぜると、とろとろにならない。

＊ミキサーに豆乳を入れ、玄米油を加えると紙コップくらいの大きさのうずが生じます。玄米油を少しずつ入れると、うずがだんだん小さくなっていきますが、うずが指先くらいの大きさになったら入れるのをやめてください。

2 1に酢1を加え、さらにもう少しまぜる。

3 ある程度固まったらレモン汁1を加える。

＊あまり長く保存できないので、食べる分だけ作るようにしてください。

体も丈夫　頭もしっかり

ピーナッツのつぶつぶバター

ピーナッツは頭を良くします。
子どもたちがパンを食べるとき、バターのかわりに
ピーナッツのつぶつぶバターをぬってください。
体は丈夫に、心もすっきり、頭もしっかり！

3　30分　春夏秋冬

主材料 ● 煎ったピーナッツ（1カップ）、豆乳（1/2カップ）、塩（0.2）、米の水あめ（4）、ピーナッツ（3）

よく合う料理 ● パン、お菓子など

保存期間 ● 冷蔵で1週間

♣いたみはしませんが、酸化しやすいのでできるだけ早く食べましょう。

2

3

材料の力

堅果類はたんぱく質が多く、菜食をする人にとって、たんぱく質のおもな供給源となります。くるみは頭を良くする健脳食品として知られていますよね。ピーナッツは49%が不飽和脂肪酸で構成されていて、心臓疾患を予防するそうです。毎日、堅果類を摂取している人は心筋梗塞を引き起こす確率が1/2に減り、脱毛予防や美肌にも効果があります。

1 煎ったピーナッツ1カップは薄皮をむく。

2 ピーナッツ3をすりつぶし、ピーナッツ粉を作る。

3 2と豆乳1/2カップ、塩0.2、米の水あめ4を煎ったピーナッツといっしょにミキサーに入れ、どろどろになるまでミキサーにかける。

＊ピーナッツは脂肪分が50%あり酸化しやすいので、1週間以内に食べるのが望ましいです。

お砂糖よりも体に良い甘み

米の水あめ

料理をするとき、砂糖のかわりに米の水あめを使ってみてください。
砂糖よりも水あめのほうが体内に吸収される速度が遅いので、
体にもずっと良く、味も飽きません。

4 春夏秋冬

主材料 ● 麦芽粉（2カップ）、ご飯（茶碗2）、水（10カップ）

よく合う料理 ● 和えもの、煮もの、炒めものなど、各種料理の甘さを引き出したいとき

保存期間 ● 冷蔵で1カ月

♣作り方はシッケと同じです。米の水あめを1時間ほど煮つめると、泡が大きくなります。この時が、あめの出来上がりです。
ここに煎り豆や煎りごまをまぜてかため、きな粉をまぶすとおいしい豆あめ、ごまあめになります。

1 麻袋に麦芽粉2カップを詰める。

2 袋をぬるめの湯10カップの中に入れ、よくもんでから取り出し、この水を炊飯器に注ぐ。

3 2をご飯といっしょに炊飯器に入れ、スイッチを入れて8時間ほど保温状態にする。米粒が10粒ほど浮いてきたらスイッチを切る。

4 綿布で米粒をろ過したのち、強火で4時間、弱火で1時間ほど煮つめる。かたまってきたら完成。

＊煮つめるとき、とつぜんあふれ出すことがあるので、火加減に注意してください。

親 環境と仲良くするための手引き…

砂糖と水あめ、よく理解して食べよう

中世では砂糖は貴重で、人々を治す薬として使われたりもしました。しかし、やがてゴムやコーヒーのように、大量栽培、大量消費されるようになり、環境破壊と民族間の不平等を深化させた３大作物のひとつという不名誉を得ることになりました。近頃耳にする砂糖が持つようになったもうひとつの不名誉な肩書は、「各種疾病の原因」というものです。

砂糖は虫歯を誘発し免疫力を下げ慢性疲労、胃腸病、低血糖症、糖尿病などを引き起こします。また、体内のカルシウムとビタミンの欠乏症を誘発し、たんぱく質の吸収を妨害します。肝臓に過剰蓄積された糖分は、各種生活習慣病の原因となり、がん細胞の栄養分となり、症状を悪化させもします。

1年間平均70kgの砂糖を摂取するアメリカ人の49%が、低血糖症をはじめとするさまざまな生活習慣病を患っています。アメリカは、世界で肥満率がもっとも高い国です。韓国も、現在1年間の１人当たりの砂糖摂取量が49kgと徐々に増加傾向にあり、安心できないのが実情です。

砂糖の摂取は、家庭で料理するときに使わなければ減らせるというものではありません。のどがかわいたときに飲む飲料水1本になんと角砂糖11個分の量が入っています。パンは15%、コーラは13%、ケチャップは27%、アイスクリームは30%ほどが、砂糖でできています。はなはだしくは、薬局で買うことのできる錠剤の表面にも砂糖がコーティングされていて、子どもたちの栄養剤にも多量の砂糖が含有されています。驚くことに、たばこにも6%の砂糖が含有されています。無加糖飲料とか無糖と表示されている製品にも別の名前で砂糖の成分が含有されています。アイスクリームやガムの包装紙裏に精白糖、液状果糖、水あめ、液状ブドウ糖などと表記されているものはすべて砂糖の別名です。

砂糖の摂取を減らすためには加工食品を食べないようにしなくてはいけません。ほとんどすべての加工食品に多量の砂糖が添加されているからです。

砂糖のかわりにはちみつと水あめで甘みを楽しみましょう。はちみつと水あめは、単純糖類ではなく天然ビタミンをそれ自体に含んでいて、体内にゆっくり吸収されるだけでなく、栄養素のバランスをとる役割もします。輸入有機砂糖が市販されていますが、それもやはり砂糖であるということを肝に銘じましょう。

水あめとはちみつは、砂糖より少し高価という難点がありますが、有機農販売店で簡単に手に入れることができます。健康を考えれば、甘みに慣れっこになった食習慣から抜け出すのが何よりも重要です。家で水あめを作ればより安心できるので、一度やってみましょう。

からだに良い天然調味料作り

天然調味料は一度にたくさん作って冷凍室に入れておき、料理するたびに少しずつ使うのが便利です。

しいたけ粉末　しいたけを干して、フライパンでぱりぱりに焼いてから、きれいに挽きます。スープやチゲのこくを引き出す際に使用します。テンジャンチゲを作るときやナムルを炒める際に加えると良いです。テンジャンチゲに使うときは、水から入れて火にかけます。

わかめ・昆布粉末　天然産のわかめと昆布をきれいに洗ってよく乾かし、ミルできれいに挽きます。スープ、ナムル、離乳食に使うと良いです。サムジャンを作るときにも少量加えると、粘りが出て味も良くなります。カルシウムとリン、ビタミンが多く含まれています。

スケトウダラ粉末　乾燥スケトウダラの汚れなどをきれいにしたあと、骨と頭、皮を取り除き、身だけを挽きます。スープのこくを出してくれます。

片口いわしの粉末　新鮮な片口いわしを選んでよく乾かします。油をひかずに、よく煎ってからミルで挽きます。ナムルを和えるとき、だし汁をとるとき、チヂミを焼くときなどに少しずつ入れます。キムチを漬けるときにも少量加えると良いです。

アミ・イガイ粉末　干したものを買い、ミルで挽いて使います。さっぱりとしたスープの味を引き出すときに使います。

えごまの粉　えごまを細かく砕いて和えものやスープに入れると香ばしいコクが出ます。人工調味料では味わえない深く自然な味です。

えごま汁　えごまを水につけてふやかしたあと、ミキサーでくだき、裏ごしをして、かすを取り除きます。えごま１カップと水4カップの割合で作ります。和えものや各種炒めもの、スープ類に使うと、とても香ばしい味になります。

有機農食品売り場でもさまざまな天然調味料を買うことができます。

食べ物の生ごみを減らす方法

食堂　注文するときに、自分の食べる量をあらかじめ伝えましょう。食べ残した皿には、食べ物以外のものを入れたりせず、できれば包んで持って帰りましょう。

家　たくさんのお客様を招いたときは、食べるだけを皿に取るバイキング式にするのが賢明です。お客さんが食べたい料理を選ぶことができ、ホストにとってもめんどうがありません。また残った料理を再活用することができるのも良い点です。ふだん家族が食事するときには、小ぶりな食器を使うのも良い方法です。料理が多く見え、食べ残すこともなくきれいに食べきることができます。

買い物　献立と家族の人数を考えて、数日以内に無理なく食べられる量を買いましょう。キムチ漬けのように、長期間貯蔵する発酵食品の材料でもなければ、一度にたくさん買うのは、おすすめできません。おなかいっぱいのときに、買い物をするのもひとつの手です。あれこれ衝動買いをしないですむからです。

料理　じゃがいも、さつまいも、大根、にんじんのような材料は、皮にも栄養分が多いので、きれいに洗って皮ごと食べるのが、健康にも良いです。料理には、ヤンニョムを少なめに入れます。豆もやしのスープは塩だけで味をととのえ、カットゥギはアミの塩辛と粉とうがらしだけを入れます。ヤンニョムを少なくすることで味が淡白になり、残った料理を、ほかの料理に活用することができます。豆もやしスープが残れば、豆もやしは取り出して粉とうがらしで和えて食べ、スープはチゲのだしとして使えば、いい味を出してくれます。

捨てるとき　うまくやりくりしても料理を捨てることになったときは、水気を切ってからごみ袋に入れましょう。ビニール袋に入れてから、さらにごみ袋へ入れる家庭が多いようですが、食べ物用ごみ袋は腐るビニールで作られていますが、使い捨てビニール袋は容易に腐らない材質なので、環境汚染を引き起こす原因になります。

寄贈　パーティをして残ったときや、レストランで食事がたくさん残ったときは、フードバンクへ寄贈します。フードバンクは寄贈された食品を集める食品銀行です。欠食児童、独居老人、障害者、無料給食所、ホームレスセンター、福祉施設など疎外されている人々を助ける事業を行っています。

—『都市で生態的に生きる方法』（パク・キョンファ／ミョンジン出版）より

好

環境にやさしい料理のための10の考え

ひとつ 人と地球はともに生きていかねばならないので、お互いが健康でなければいけないということをまず念頭におく。

ふたつ インスタントや冷凍食品を避け、自然を主軸にした食材を使って新鮮な栄養を摂取する。

みっつ 肉食よりも菜食を心がけ、できるだけ油を使わない調理法を選ぶ。

よっつ 農薬を使わずに自然にやさしい方法で栽培された有機農産物を使う。

いつつ 外食を減らして、できるだけ家で作って食べる。

むっつ 再活用料理法を実践し、必要な材料だけを買い、生ごみを減らす。

ななつ 材料の栄養素破壊が少ない調理法は、生で＞蒸す(煮る)＞揚げるの順になる。これを参考に栄養素の損失を最小限にする料理法を選ぶ。

やっつ メニューは前もって作っておき、調理の前に順序を念頭において、調理時間を最大限節約する。

ここのつ 化学調味料のかわりに天然調味料を使い、材料本来の味を生かす。

とう 砂糖よりもはちみつや水あめを使う。はちみつ＞水あめ＞砂糖の順で、自然な甘みを備えており、ほどよい速度で体内に吸収される。

付録

大地を生かし、生命を育む有機農法

環境にやさしい食材情報があるホームページ

大地を生かし、
生命を育む有機農法

有機農法は化学肥料と農薬を使わず、自然の理に順応して、破壊された生態系を復元しようとする農法です。すなわち、大地を生かし大地に根をはる作物の自生力を育てる農法です。韓国では、農薬と肥料のかわりに天敵を利用したり、作物の共生関係を利用して病害虫を防除し、二毛作やカモ、タニシを利用した除草法などをとっています。

有機農産物を利用すると…

- 子どもたちに、より良い地球を譲り渡すことができます。地球は先祖から譲り受けたのではなく、子孫から借りて使っているという気持ちを持たなければなりません。一般に、子どもが大人より農薬による被害を受けやすいです。
- 生物の多様性を保つことができます。地球で、ひとつの種が消えれば100種類の生物体をいっしょに失うことになります。有機農法は生態系のバランスを維持し、種子の多様性を保存する農法です。
- 化学肥料と遺伝子組み換え食品、各種食品添加物から家族の食卓を安全に守ることができます。

有機農産物にも等級があります

国立農産物品質管理院（http://www.naqs.go.kr）では、特定の地域や特別の方法で栽培された農産物のなかで、品質が良いものを認証する「農産物品質認証制度」を施行しています。このうち「環境にやさしい農産物」は土地の汚染程度、農薬と肥料使用料を基準に4種類に分けられています。

有機農産物
3年以上、農薬と化学肥料をまったく使用せず栽培した農産物

無農薬農産物
農薬をまかずに、化学肥料は定められた基準を守って栽培した農作物

低農薬農産物
農薬を安全基準値の半分以下で使用し、化学肥料の使用は定められた基準を守り栽培した農作物

有機農産物の包装には、どの地域でだれが生産したのかが書かれているので、信頼して買うことができます。一般に有機農産物は高いと思われていますが、生協など組合形態の店舗を利用すれば安く買うことができます。

韓国の有機農農家は共同体であったり、健康な食べ物を生産するという信念ひとつを頼りに黙々と農作業をこなしている小規模生産者が大部分です。販路を心配せずに農作業に従事できるよう、生協や都市消費者と1年前にあらかじめ農産物の価格を決め、契約栽培することが多いです。

有機農栽培は雑草をいちいち鎌で刈り、虫も手で取り除くなど、農薬を使用する一般的な農法にくらべて何倍も手がかかります。商品だけを見て比較すると高いと思ってしまいますが、1年間かけた手間だと考えれば、そんなに高いものではありません。しかも健康な農産物を食べれば、薬代や病院代はあまりかからなくなるので、必ずしも高いとばかりは言えません。くだものは皮まで食べることができるので、生ごみを減らすことにもつながります。

有機農産物が注目を浴びるようになり、輸入有機農産物が出回っています。輸入有機農産物は長い時間をかけて船で運搬されるため、多くのエネルギーと不必要な費用がかかっています。自国で季節ごとの日差しをたっぷりあびて育った新鮮な農産物を食べてこそ、人もそのエネルギーをそのまま享受することができます。できるだけ自国で健康に育てられた農産物を選びましょう。

有機農食品販売店

組合員制

生活協同組合法に基づいて設立され、出資金を出した組合員にのみ販売します。出資金は2～4万ウォンで、月会費を出すところもあります。インターネットや電話で注文すると週1～5回配送してくれます。販売店が多くないのが難点ですが、組合員中心の活動は多様で便利です。

- ハンサルリム　www.hansalim.co.kr
- 韓国生協連合会　www.icoop.or.kr
- 生協首都圏連合会　www.ecoop.or.kr
- 女性民友会生協　www.minwoocoop.or.kr
- イェジャン生協　www.jucoop.com

フランチャイズ店

有機農食品だけを販売する店で、地域別加盟店形態で運営されています。生協よりは若干高くなりますが、出資金の必要がなく、目で実際に商品を確かめてから買えるのがメリットです。営利目的で運営されており、外国企業と提携を結んだり、重点販売物品を特化したりもします。インターネット店舗も経営しています。

- シンシ　www.shinsi.net
- 緑の村　www.choroki.com
- オルガ　www.orga.co.kr

インターネット売店

インターネットでのみ運営しています。無料会員登録後に利用することができ、価格はフランチャイズ店と同じくらいです。宅配での配送や、配送車での自主的な運営もしています。

- ムゴンイネ農場　www.mugonghae.com
- eファーム　www.efarm.co.kr

農家直売インターネット市場

有機農生産者の共同出荷組織や村、または個人が直接ホームページを運営してインターネット市場を開いたりもします。インターネットで検索すると、多くの情報を得ることができます。

名前だけの「有機農」を信じないように

有機農食品が良いということが知られるや、消費者をまどわすようなものが目につくようになりました。とくに有機農と似かよった広告コピーには注意しないといけません。「天然」「自然」「無公害」「低公害」「バイオ(Bio)」「エコロジー（Ecology)」「ナチュラル(Natural)」といった単語は、宣伝のための文言で、環境に配慮した農産物であることをあらわすものではありません。また「品」マークがつけられているのは、品質が優秀であるという意味で、農薬と肥料を使っていないという意味ではないということに注意しなくてはなりません。

有機農売店で買うと良い食品

豆腐 国産大豆を使い、添加物や防腐剤を入れていない味わい深い新鮮な豆腐が毎日供給されます。

豆もやし ふつうの豆もやしは発芽促進剤、成長促進剤をたっぷり入れ、太って見栄えの良いように育てます。有機農豆もやしは茎が細く、ひげ根が多めです。生で食べても生臭さがなく、うすい青みがかった豆もやしもあります。

有精卵 有精卵は健康なめんどりが狭いケージに閉じこめられることなく、おんどりと自由に生活しながら産む、孵化することができる生命卵です。飼料も成長促進剤や抗生剤を含まない草や玄米などを与えています。

韓国産小麦菓子 人工添加物、防腐剤、人工色素を使わず、輸入小麦ではなく韓国産小麦で作っています。子どもたちの好みに合うように種類も豊富です。小麦粉だけでなく環境にやさしい果実を、そのまま乾燥して作ったお菓子もあります。

チョングッチャン 国内産の豆にわらを巻きよく発酵させて作ります。香ばしい味と栄養満点の一品。チョングッチャンをよく乾かした粒チョングッチャン、これを粉にした粉末チョングッチャンもあります。

野菜 農薬の心配をせずにさっと洗って、生でばりばりかじって食べることができます。とくにきゅうりは歯ごたえがあり、キャベツとにんじんはぴりぴりした味ではなく甘みがあります。味だけでなくふつうの野菜にくらべて有機農の野菜には、ビタミンならびにカロテノイドが2倍も多く葉緑素はなんと7倍にもなります。

くだもの 環境に配慮した栽培方法で育ったくだものは、まず香りと味に一般のくだものとは大差があります。おもに旬のくだものを販売するので種類は多くないものの、たいていのくだものが皮まで食べられるのが良いところです。みかんの皮は集めておいて、お茶にすることもできます。

米 環境にやさしい栽培をした米は、そんなにしっかりとぐ必要がありません。胚芽が取れない程度にさっととぎ、米を丸ごとすべて食べるのも良い方法です。

肉類 有機農の稲わらや、遺伝子組み換え(GMO)をしておらず、抗生剤や成長促進剤を入れていない飼料と微生物製剤を与えて育てた家畜から得たものです。狭い空間に閉じこめて育てた家畜よりも、肉質はかためですが、味に深みがあります。

天然調味料 えごま油、ごま油、塩、玄米油、粉末しいたけ、液体スープ、粉末煮干し、粉末えごまなど人工調味料の味にまったくひけをとらない、わたしたち固有の味を出すための材料をいろいろそろえています。

―資料提供：有機農・緑の店シンシ

環境にやさしい食材情報があるホームページ

緑色連合の「食べ物が世界を変える」
www.greenfood.or.kr

健康な料理、安全な食生活についての情報があります。緑色連合、大韓教育保険生命（教保生命）、大韓教育保険生命（教保生命）教育文化財団が共同して2年間行ったプログラム「食べ物が世界を変える」の内容とポスターならびに各種画像資料、環境にやさしい料理法などが紹介されています。

きびあずきもち
www.asamo.or.kr

『黄金色のうんちをする子どもたち』『すきとおるように白い肌をとりもどした子ども』の著者／チェ・ミンヒィ氏を中心に運営されている健康な子どもとおかあさんたちのためのサイト。妊産婦の健康、母乳育児、アトピー、断食、生菜食についての情報と、自然療法に関する資料を見ることができます。就学前のアトピーの子どもを持つ母親たちの意見交換が活発です。

共同体教育と共同育児
www.gongdong.or.kr

安全な食べ物と生態教育、開かれた教育を行う共同育児組合が集まったサイト。組合員募集情報と近隣地域の共同育児子どもの家をたずねることができます。保護者が中心となって作る生協、「ハンサルリム」を通して給食を提供しているところがたくさんあります。

韓国生命菜食連合　www.vege.or.kr

全国地域別菜食の集い、菜食レストラン、料理、書籍、商品取り扱い業者など、菜食関連情報が多いです。菜食団体サイト、菜食レストラン、生命尊重、健康増進、生態保存、飢餓解決など、環境と生命に連係した情報が多く、関連料理資料もあります。個人的に気になることについても、質問すれば親切に答えてくれます。

全国帰農運動本部
www.refarm.org

帰農を計画する人たちに実際的な情報と教育プログラムを紹介。生態農法、週末農業学校、家庭菜園などについての情報を得ることができます。「帰農ストア」では、環境にやさしい食材と生活用品を購入することができます。

緑色連合の呼びかけにこたえ オモニたちから寄せられた料理

緑色連合は、すべての生命の価値と権利を尊重し、生態系の秩序を保存し回復するために努力する韓国の民間環境団体です。自然と共に生きてきた文化を尊重し、単純で素朴な生活を実践して生活の根本を変える活動を行っています。生命の安全、エコ・ビレッジ作り、白頭大幹（白頭山から智異山に至る大山脈）の保全、野生動物の保護、反核運動、米軍基地汚染の問題など、多様な市民運動や国際連帯活動のほか、調査・研究・出版・訴訟などを通して、朝鮮半島と地球の環境問題を解決するために最善を尽くしています。

緑色連合は2002年～2004年に教保生命教育文化財団と共に「正しい食材運動」を展開しました。その中で、健康な食べ物が健康な体と地球を作るという趣旨のもとに、全国の主婦たちを対象に環境にやさしいレシピを公募しました。1000余りの公募作の中から、化学調味料を使わないで自然の味を最大限生かした料理、作り方が簡単で生ごみがたくさん出ない料理、旬のものや有機農の国産食材のように安全で信頼できる材料で作った料理110種が選ばれ、この本に掲載されました。

健康で長生きすることは、すべての人の願いです。生命を破壊する化学調味料と加工食品が私たちの健康を危うくしています。自然の味と栄養をたっぷり含んだ素朴な食べ物で家族の食卓を守っていきましょう。

www.greenkorea.org

レシピを提供してくれたみなさん

クァク・ユンスク、クォン・ユジン、キム・キョンア、キム・ポギョン、キム・ソンシル、キム・ソンチョル、キム・エラン、キム・ヨンシン、キム・ユミ、キム・ウンスク、キム・ウンジュ、キム・イギョン、キム・ジヨン、キム・ヒョニ、キム・ヘヨン、キム・フンミ、ノ・スクチャ、メン・スヨン、ムジゲ(虹学校)、ムン・キョンジン、パク・ナニィ、パク・ミジャ、パク・ソニョン、パク・ヨンソン、パク・ヨンスン、パク・ヨンヒィ、パク・チュイ、ペ・キョンヒョン、ペ・チョンシル、プ・フィギョン、ソン・ヘオク、ソン・ミソン、シン・ジヨン、ヤン・ムニィ、ユン・ミギョン、ユン・ヒュリム、イ・キョンミ、イ・ミジン、イ・ヤンジャ、イ・ヨンス、イ・ヨンナン、イ・オクスン、イ・ジョンスク、イ・ジュヒィ、イ・ファスク、イ・フィオク、イム・スニィ、イム・ジョンファ、イム・チョンブン、チョンシン女子中学校食材研究班、チョン・ヘソン、チョン・ヒョンスク、チョン・ヘギョン、チョ・ミジャ、チョ・ヘスク、チェ・ソンミ、チェ・ヨンスン、チェ・ユニィ、チェ・ウンスク、チェ・イニョン、チェ・ヘヨン、ハム・ホリョン

キム・スンゴォン(菜食料理専門家)、チョン・インボン(菜食料理専門家)、シン・ソヨン(緑色連合子どものおやつモニター団)

Original Korean edition published by BookSence
Japanese edition is published by arrangement with BookSence through BC Agency, Seoul.

オモニたちから寄せられた
環境にやさしい素朴な料理110選
自然がいっぱい 韓国の食卓

2011年6月15日　初版第1刷発行
編者　緑色連合

発行人　横山豊子
発行　有限会社自然食通信社
〒113－0033 東京都文京区本郷2-12-9-202
電話03-3816-3857 FAX 03-3816-3879
http://www.amarans.net
郵便振替口座00150-3-78026

印刷所　吉原印刷株式会社
製本所　株式会社越後堂製本
組版　秋耕社
装幀　橘川幹子
カバー装画　花房葉子
制作進行　山木美恵子
翻訳協力　李善行

落丁・乱丁本はお取替えいたします。

定価はカバーに表示してあります。
ISBN978-4-916110-03-9

素材・料理名ガイド

この本に出てくる、日本では耳慣れない素材名や料理名の説明です。実際に調理するときのヒントにしてください。（50音順。項目ごとの説明の最後に初出ページを記しました。）

【あおい】

韓国語の発音ではアウクとよばれるアオイ科の野菜。朝鮮ふゆあおい（p46）も同じもの。（p157）

【ウゴジ】

ふだんの料理では捨ててしまいがちな白菜などの外葉を、軽くゆでて水を切り、冷凍または日陰で干したもの。大根の葉を同様にしたものは「シレギ」と言う。両方ともナムルや汁物にして食べる。（p74）

【えごまの粉】

えごまの実をすって粉にしたもの。ナムルやカムジャタン、スープなどさまざまな料理によく使われる。料理にコクが出ると同時に、食材のくさみなどを抑える効果がある。（p46）

【えごまのしぼり汁】

えごまの香ばしさで、食材のえぐみやにおいを抑えることができ、味に深みも出る。えごま大さじ4と水 1 カップをミキサーにかけてこしたものを適量に分けて冷凍しておくと便利。すったえごまに水を足し、茶こで汁を取る方法もある。（p39）

【えごまの葉】

えごまの葉には青じそに似た香りがあり、韓国では通年栽培され、料理によく使われている。（p34）

【エホバッ】

韓国でよく食べられている緑色の細長いかぼちゃ。ズッキーニで代用できる。（p27）

【カムジャタン】

「カムジャ」はじゃがいものこと。通常は豚の背骨とじゃがいもを煮込んだスープのこと。（p38）

【魚醤】

魚を塩漬けして発酵させたものからとれる液体成分を調味料として使う。塩分と共に、濃厚な旨味成分を備えている。日本のしょっつるや、ベトナムのナンプラーも魚醤の一種。（p97）

【コチュジャン】

唐辛子味噌。もち米麹、粉とうがらしなどを主原料とする発酵食品。「コチュ」は、とうがらしのこと。（p36）

【コングッス】

豆乳の冷製そうめん。「コン」は大豆、「クッス」はそうめん。（p150）

【サム】

生の葉物野菜でご飯や野菜をくるんで食べること。(p76)

【サムジャン】

サムを食べるときに添えるヤンニョムジャン。みそにコチュジャンや薬味をまぜて作る。(p210)

【シッケ】

米と麦芽を原料とする韓国伝統の発酵飲料。甘酒。(p196)

【生食(センシク)粉】

穀類、野菜、果実、きのこ、海藻等を、生のまま凍結乾燥させ粉末にしたもの。火を通していないので、ミネラルや酵素の損失が少なく、多種類の食品を効率よく体内に取り込むことができる。日本でも韓国食材店で買うことができる。(p19)

【禅食(ソンシク)】

材料は生食(センシク)と同じだが、高温で熱処理されている。僧侶の断食修行の際の栄養補給に用いられていたことから「禅食」と呼ばれるようになった。(p102)

【チィナムル】

キク科の草であるチィのうち、食用に使われる種類のものをさす。オタカラコウ(雄宝香)、モミジハグマ(紅葉白熊)、シラヤマギク(白山菊)など。軽くゆがいて苦みをやわらげてからヤンニョムで和えたり、炒めたりして食べる。風邪、頭痛、鎮痛に効果があり、漢方の薬剤としても使われる。(p36)

【チゲ】

鍋料理の総称。(p42)

【チャップチェ】

ゆでた韓国春雨を、炒めた牛肉や野菜と和えた料理。味つけはごま油としょうゆなどで。(p90)

【チャンアチ】

大根、きゅうり、にんにくなどを、しょうゆ、みそ、コチュジャン、酢などに漬け込んだ常備菜。(p82)

【チャントッ】

コチュジャンやみそで生地に味つけしたお焼き。(p130)

【朝鮮ふゆあおい】

ふゆあおいと同じ。(p46)

【チョコチュジャン】

酢入りのコチュジャン。コチュジャンと酢を4対1ぐらいの割合で混ぜる。好みで水あめやごま、細かくきざんだにんにくを加える。(p81)

【チョン】

薄く切った食材に小麦粉やとき卵をつけたものを、油をひいて焼き上げた料理の総称。(p134)

【チョングッチャン(清麹醤)】

ゆでた大豆を発酵させてすりつぶした味噌状のペースト。日本の納豆に似ており、強い匂いがある。(p199)

【チョンゴル】

鍋物。チゲがすべての材料を鍋に入れ味付けして煮込むのに対し、チョンゴル（またはジョンゴル）は、日本の寄せ鍋やすき焼きのように、その都度材料を適宜入れながら食べる。(p212)

【チョンヤン(青陽)とうがらし】

辛味の強い青とうがらし。(p23)

【チンマルタシク(眞末茶食)】

タシク(茶食)は、日本の落雁に似た韓国伝統の茶菓子。チンマル(眞末)は、小麦粉のこと。昔は小麦粉が貴重だったので、こう呼ばれるようになった。タシクには、栗、ごま、大豆、松の実などの材料が主に使われている。(p182)

【ツルマンネングサ】

蔓万年草。マンネングサは、葉や茎に水分を蓄えている多肉植物。ツルマンネングサは茎が地を這って伸びるのでこの名がある。韓国では、ドンナムㇽと呼び、キㇺチやナムㇽにして食べる。(p94)

【テンジャン】

韓国のみそ。大豆を煮て丸く固めた味噌玉を干し上げたものを、かめに入れて塩水を加え発酵させる。(p130)

【天然調味料】

よく使われるのは煮干し、小エビ、昆布、干ししいたけなど。油をひいてないフライパンで軽く炒ってミキサーにかけ、粗熱が取れたら冷凍保存する。(p46)

【テンメンジャン】

甜麺醤。中華甘みそ。小麦粉と塩を混ぜ、特殊な麹を加えて作られる。韓国のジャージャー麺に使われるチュンジャン(春醤)は、テンメンジャンにカラメルを加えて甘く仕上げられている。この本では、チュンジャンのかわりに手に入りやすいテンメンジャンを材料として掲載した。(p27)

【トッポッキ】

棒状の餅(トック)をコチュジャンや砂糖を使って甘辛く炒めたもので、韓国の庶民料理として親しまれ屋台の定番メニューとなっている。(p184)

【トンチミ】

大根の水キㇺチ。(p86)

【灰貝】

赤貝に似た二枚貝。貝殻を焼いて灰としたことからこの名がついたと言われている。日本では有明海の一部で漁獲されている。(p98)

【パースー】

いもなどを揚げて水あめをからめた中華風スイーツ。(p167)

【ビビンクッス】

味付けそうめん。ゆでたそうめんを千切り野菜等の具と一緒に甘酸っぱいコチュジャンソースなどと和えたもの。(p37)

【ひめにら(ダㇽレ)】

春の山菜。強い辛味と香味があり、薬味に使わ

れることが多い。のびると同じように根元が小さな球根状になっている。(p215)

【プチムゲ】

日本でいうチヂミのこと。小麦粉を水でとき、具を入れて丸く大きく焼いたもの。(p136)

【干し明太】

干しダラ。水に戻してスープなどに使う。(p49)

【豆ハム】

大豆たん白を主原料にハム風にした食品。(p42)

【豆みそ】

チョングッチャンの項を参照。(p26)

【麦こがし】

この本では、韓国でミスッカルと呼ばれるものをさす。麦や米などの穀物を蒸して粉にしたもの。または、それを水に溶いた飲料。家庭で簡単に作ることができるので、韓国では主に夏場の飲み物として、また、非常食として愛飲されてきた。(p19)

【ムッ】

そば、緑豆、どんぐりなどの粉をゼリー状に固めたもの。(p90)

【ユッケジャン】

牛肉の細切りを入れた辛いスープ。(p40)